爆款直播间

行动派琦琦　素宣　著

直播变现，
人人都能抓住的掘金机会。

序言1
正念直播是直播真正的意义

行动派琦琦

作为一位教培人，我走向直播，总是让很多人觉得意外。

我自己也觉得这个选择在意料之外，但又在情理之中，毕竟我们每个人都抵不过时代的洪流。人们的购物场景、社交场景和信任场景，都在向直播间转移，连学习场景也是。在任何时候去做符合时代趋势的选择，永远是我们的最佳选择。

当然，我们在选择了直播以后还有一些更重要的选择。你如何播，播的是什么，传递的是什么。这其实是最重要的课题。

我是2021年8月正式把全部精力投入视频号直播间的，从连播21天开始，从9.9元的订单开始卖起，从每天12小时播起，从迷惘、不甘、无奈、决然中开始，在视频号直播这条路上探索。在2022年的1月6日我达成了单场直播间成交总额破百万的成就，后来一路高歌猛进，4月的时候已经达成了直播间单场成交总额破千万的成就，现在是视频号的头部主播。

我也在这个过程中辅导和陪伴了无数百万级别的直播间主播，带着大家从直播新手到直播高手，我自己也因此在直播里钻研，找到了乐趣，但更重要的是，我慢慢找到了我做直播的意义，也建立了我做直播的价值观。我想这应该是我今年最大的收获。

这个意义和价值观，就是正念直播。

1

我刚做直播的时候，很多人都跟我说对主播的印象不太好，认为主播总在直播间里大喊大叫，而且主播对产品的介绍带有一些夸张成分，同时也有很多做课程产品的主播，卖的时候说得天花乱坠，但交付却做得很差。

也是因为这些直播行业的乱象，我在过去几年一直没有进入直播行业。虽然作为自媒体人我是需要进入短视频和直播行业的，但每每看到大量粗俗、断章取义的短视频内容大行其道，以及众多主播在直播中大吼大叫的时候，我就把关于这方面的App（手机软件）都直接屏蔽了。

明知道是时代的机会也不想要涉足，就是因为我过往也觉得这些不好的行业习气，是我不想触碰的。

如果不是因为事业陷入瓶颈期，让我不能再坐以待毙，我实在不会想到我也会进入直播行业，更不会想到，一踏入直播行业我就打开了全新的发展局面。原本萎靡不振的事业，日渐枯竭的流量，在直播面前，轻松就被解决了，直播间的内容吸引了大量的新朋友，新老朋友纷纷来到直播间交流、下单，不管是产品销售，还是内容服务都在直播间里实现。

更没有想到的是，原本在过去需要一百多人才能达成的营业成绩，在直播间，五个人的新手小团队密切配合就完成了。成本大幅度缩减，效率大幅度提高，直播所带来的影响力和魅力，只能用奇迹

序言1　正念直播是直播真正的意义

来形容。这种感觉更像"升维"（提升自己的层次，与同行拉开距离），很多过去的创业难题，站在直播这个维度里，都突然消散了。新的起点，新的契机，新的转机！

我后来开设直播课程的主要原因，也是我写这本书的原因，就是因为我是这个选择的受益人，我的新发展得益于直播，我希望用我的经验教训去帮助他人，让他人获益。而且我身边还有很多很多优秀的创业者，包括希望改变现状的宝妈、职场人，他们中有的人还在原有的困境里纠结，没有踏上直播这辆时代的列车，而外部眼花缭乱的信息也让大家无所适从，不知如何选择。

于是我想站出来，以自己的亲身经历、经验，告诉大家如何在直播业发展。让更多受到大环境影响的朋友们，能找到新的路，重新找到信心和新的可能性。

同时我也想让大家看到一些不同。

不同于以往的直播方式，不同于过去的直播方法，不同于旧有的产品服务交付方式。用这些不同去打破人们对旧有主播的印象。

2

我认为直播也是商业的一种方式，我的商业理念和直播变现理念是一样的，即"帮助别人，得到发展"。就是你先用直播帮助他人，然后你会获得真正的发展。

比如你是教培主播，那就在直播中带他人成长，通过优质的分享内容，助力用户的思维提升，之后用户会报名你的课程，支持你的直播。

或者你是带货主播，你通过帮助用户筛选到性价比高的产品，以优质的质量、实惠的价格和优质的售后服务赢得用户的青睐，用户就更愿意来你直播间购买，帮你达成更好的成绩。

总之，你想要达成直播的成功，最好的方法就是去帮助你的用户，你帮助他们越多，你的直播间就会越有人气，直播成交量也会越来越多。实际上，这也是最符合商业的"道"的，放之四海皆准，只需要你去践行、坚持，以及取舍。

尤其是取舍。比如有的主播大喊大叫使得用户受气氛鼓舞冲动下单，你要不要这么做？有的主播夸大产品的功用，进行虚假描述，但带动了更多的销量，你要不要这么做？有的主播在直播间里采用逼单的形式促使用户下单，或者过度承诺使得营业额很高，你要不要这么做？

不要。不能。

这些都是考验你是否真正坚持"帮助别人，得到发展"的重要取舍。小舍小得，大舍大得，如果不能坚持难而正确的事，你就会随波逐流，再次陷入焦虑和瓶颈的恶性循环。

很多人也会说"周围的人都这么干，我也要这么干"，这也是一种大误区。周围的人都那么做的事，一定是对的吗？

那可不一定。我们做事之前，要先问问自己，这样做是否出自自己的本心。我们不要成为人云亦云的墙头草，而要成为拥有独立观念的思考者。

我们每一位主播，在直播间里都有小小的影响力，用好这份影响力去做对他人有益的事，以正向的方式创造价值，提升直播间的成绩，远比盲目跟风或是用低俗虚假的方式误导用户，更能够带来长期的发展。

序言1　正念直播是直播真正的意义

流量的背后是人心，直播收益的背后是信任。

3

我给视频号教培主播所建议的直播方式是，先讲干货再卖课，如此循环。讲干货的时候就好好地给出优质的内容，去帮助直播间的粉丝们，让大家听了你的直播后有所提升。把干货给够了以后，再延伸到相关课程中来，以课程作为解决方案给大家，专心讲解课程，让用户对产品有全面深度的了解。即讲干货就专心致志，卖课程就全力以赴。这样的态度，不仅粉丝喜欢，而且之后的付费学员也会乐于接受。

不要为在卖课阶段在线人数会下降这件事焦虑，这其实是不要紧的，因为对课程无需求的人离开也是好事，而真正想买课的人会留下来，这时候就会开始产生成交订单。前面的节奏拉动直播间的人气，后面的安排带动GMV（商品交易总额）的提升，一举两得。更关键的是，这个过程不内耗，不焦虑，助人学习和助己事业的目标都达成了，皆大欢喜。

这样的落实方案可以很好地贯彻"帮助别人，得到发展"的直播理念，以此可以带来很多关于直播间的灵感。

比如礼物如何设计。我给直播间的粉丝们送的红包叫"越给越多"，也做了专门的利是封，意为我们想要金钱，就要学会先慷慨地给出去，让爱回流，从而带来钱的流动。我也会在直播间里送干货，整理出三千字，乃至三万字的精心排版的与直播和个人成长相关的内容分享给粉丝们，大家都很喜欢。

或者直播间的手卡、贴片，都会精心设计。手卡帮助用户在看直播的过程里，有更多的趣味和形象的提醒。贴片让推流直播[1]有更大的发挥空间，我常常把古诗词作为金句放到贴片上，画面好看还容易带动大家去看更多的经典书籍。

　　直播间里还有很多地方可以设计帮助到他人，其中最重要的就是你的内容设计。我在每场直播前，都会做详细的思维导图，也会为了更好地进行直播而去学习和上课。我的笔记本记录了我一路的成长，第一本笔记本用完的时候，我的直播间成了百万级别的直播间；第二本用完的时候，我成了千万级别的直播间主播。

　　每本笔记本都记录了我为直播所做的功课，直播时选择什么题目，采用什么样的逻辑框架，先讲什么再讲什么，选用什么案例、故事和金句，有什么衍生的内容，准备什么奖品。关于直播的任何灵感都会被我记录在笔记本里储存下来。每一页都代表着我对直播的重视和认真，也只有这样才能保证每一场直播的内容，都能对得起观众的时间。

　　从小小的直播间出发，大家可以让思绪无限延伸。也许看到这里，你突然会觉得直播间竟然是一个可以种如此多好种子，做如此多对人有帮助的事情的地方。是的，只要你有好的发心，直播间就可以不是直播间，而是你种下福田的好地方。

4

　　我对直播还有一些其他理解，它们也是我在直播中践行的。

---

[1] 推流直播是指通过推流软件把视频、音频等呈现到直播间中，让用户有更丰富的体验。——编者注

序言1　正念直播是直播真正的意义

真实比优秀更重要

鼓励主播们相互之间不要攀比，不要为了让人羡慕而夸大自己的成绩、履历、光环。如果我们人人都要用一张光鲜亮丽的面具活着，那面具之下真实的自我就会溃烂痛苦，我们要让真实的自我呼吸新鲜空气，活在阳光下。更重要的是，不必用物化的标尺来衡量自己，无论我们在直播里拿到什么成绩，我们坚持做对的事，用对的方式，能长期坚持，精进，就足以受人敬重了。要先学会自己尊重自己，尊敬真实的我们自己。

正向卷

"卷"这个字在过去的一年里被大家频繁提起，很多人一提到"内卷"，都非常焦虑和无奈。我给理想中的卷，起名叫正向卷。这个卷法有什么不同呢？

很多时候我们为什么会觉得被卷很焦虑？是因为我们只听到了他人的好成绩，却不知道他们是怎么做到的，不清楚方法、路径，就会产生比较心理，感觉自己不够好，听到报喜的信息越多，反而越紧张越焦虑。

但如果报喜的伙伴愿意多分享一些方法，反而有助于他人一起进步。比如直播间新近达成的成交额，我们在和他人分享时不只是说成交了5万元、10万元，而是告诉大家我们最近做了什么，可能是因为拍摄了新风格的短视频，具体是怎么做的；或者是因为给老客户的群做了活动，激活了老客户；可能是注重写朋友圈，尝试写了很多真情实感的"种草"文；等等。如果能分享得更具体详细，那就更好了。

这就是正向卷。我不仅告诉你我做到了什么成绩，我还告诉你我是如何做到的，方法是什么，步骤是什么。这样做的好处是，你在带人进步，而不是给人焦虑。让他人也有方法、有路径、有信心向你的成绩靠近，给人以希望，还授人以渔。

很多伙伴总说在我们的学习社群里，哪怕短期没有时间上课，只要在社群里待着，就会收获到很多，带动自己的进步，就是因为我们有正向卷的文化。每个人的分享促成了社群伙伴的共同进步，并且带动了互相帮助、支持的氛围，从而推动大家在直播上有显著的提升。

种子伙伴

这种正向卷的文化和我的价值观有比较大的关系。我是一位对因果有敬畏心的人，过去看《了凡四训》，后来看稻盛和夫的一系列著作，也学习了很多传统文化的智慧，我深信我们需要种下好种子才能有好的回流，而直播又是一件非常考验心性的事，所以我会更加在意在直播时传达的究竟是什么，是对社会有益，还是只是在助长欲望、傲慢和偏执。

做好直播的根本不仅在于方法，更在于哲学。你如何看待直播的真正价值，你带着什么样的动机来做直播，你在直播的时候传递的是什么，这些都远比方法论本身更重要。如果你的直播内容是虚假的、夸张的、有欺瞒性的，或者是使人焦虑的，那么你无论多积极多努力地投身于直播的学习，都无法取得长期的好成绩。因为"种子"是一条看不见的线，方法论是海平面上的冰山一角，而你的价值观，才是海平面下的冰山最重要的内核。

种子伙伴可以是互相帮助、彼此分享的同学，因为当你想要做好直播，你需要去种下帮助他人也做好直播的种子；种子伙伴还可以

序言1　正念直播是直播真正的意义

是你直播开启时遇到的每一个人，可能是你的团队伙伴，你要善待他们，保持开放和包容；也可能是你的粉丝和观众，你要给大家带来价值，比如好的产品、好的价格、好的服务；也可能是你的合作伙伴，你要诚实守信，和大家长期共赢共生；等等。这些你直播路上遇到的人，你都有机会把这相遇的缘分转化为善缘。这就是种子伙伴里很重要的意义。

所以如果能够把这些直播的哲学弄清楚，并在日常生活中实践，不仅直播事业会很好，家庭、事业上的运气也会变得很好。我想直播不应该只是带来渠道的创新，也要能够滋养我们的内心，使社会变得更美好，这需要你我，以及我们身边的每个人，内心坚定，不随波逐流，去做难而正确的事。

5

正念直播也是我和素宣想要写这样一本书很重要的初心。视频号直播是很好的时代机遇，主播也是社交媒体浪潮之下极有潜质的新职业，我们是如此地幸运抓到了这么珍贵的机会，实现了自己的跃迁和成长，所以我们更想要把这一路走来总结的方法和内核分享给更多在路上的朋友，带动更多人一起向前。

促使我们写这样一本书更重要更深层的原因是，我们希望在浮躁的行业环境里去担负起作为知识主播的社会责任和人生意义。当人们信赖短视频和直播并愿意通过这些渠道来获取精神食粮的时候，当人们信任直播间的主播并把大量的时间花在直播间里的时候，我们更有责任去带给社会大众更多正向的影响。

我们要去拿到成绩，拿到结果，然后带动行业内的主播们，以及未来想要走进直播行业的人们，和他们分享真正走在"道"上的方法和心法。

如果这本书能激发出你内在的善良和担当，能让你看到直播的意义和责任，能使你在走上直播这条路的时候内心不慌乱，坚持做自己，坚持创造价值，坚持长期主义，坚持做优质的自媒体人，那么我们写作本书的目的也就达到了。

只要能坚持正念直播，无论你要走多少年，你走的每一步都会是极其扎实和有力量的。

祝福你。以及，社会需要更多这样的你。

我们携手同行，一起加油！未来很美，一起向前！

序言2
直播这件事，任何人下定决心都能做好

素宣

2019年至今，是直播方兴未艾的5年。直播从"小荷才露尖尖角"，到遭受质疑、毁誉参半，再到现在，已经是大众司空见惯的存在。

大多数人对直播的态度，也从"搞这玩意真能赚钱吗"，变成"我现在开始搞还来得及吗""还能赚钱吗"。

现在入局直播晚不晚呢？我的回答是，入局最好的时间是1年前，其次就是现在。

我从两个层面来详细说明。

首先，大量实例证明，直播现在依然是一种很有效的低成本拓客手段。尤其是对没有资源与资金的普通人来说，直播以及与直播相关的私域生态打造，是轻创业起步的首选途径。

2023年，经济刚刚开始复苏。经历过去巨大的不确定性事件之后，越来越多人意识到，一部手机、一部电脑就能随时随地办公的轻创业模式，不但容易开始，而且在不确定性发生时，能将失业的风险降到最低。

直播正属于这样的轻创业模式。它流量大、门槛低、可成长性强、运营成本低、收益空间大，而且对普通人十分友好。

不过这里要稍稍加一个限定语——视频号直播。

抖音、快手等平台虽然流量庞大，但格局已定。没有雄厚的资金实力和成熟的团队配置，想靠个人单打独斗，几乎没有出头之日。

而视频号直播作为后起之秀，仍然在大力培植更多新手主播。平台政策会对普通人更加友好。而且，视频号直播搭载在微信视频号平台上，可以跟朋友圈、公众号、视频号、社群等实现联动，实现完整的私域生态闭环。从视频号直播来的流量，可以沉淀到个人微信号、社群、企业微信中；反过来，靠着此前在朋友圈、社群中的好友积累，普通人也可以拥有开播的起始流量。这一点，是以公域流量为主的抖音、快手等平台都不具备的优势。

在当下和未来的一段时间里，视频号直播都将处于红利期。这也许是在未来3年中离普通人最近的红利期。

那么，对于正阅读到这里的你，接下来的问题可能会是："我能做好直播吗？"

一个从未上镜直播过，甚至很少有当众演讲经历的新人，可能会有很多顾虑：

我的长相不出众，会被观众接受吗？

我没有很多粉丝，会有很多人来看我直播吗？

我没试过带货，真能在直播间卖出去吗？

直播需要长期坚持，上哪里找那么多不重复的内容来讲？

我没有专业的直播设备，播出效果会不会很简陋？

…………

所有顾虑汇总成一句话——我就是个很普通的人，真的能靠直播

序言2　直播这件事，任何人下定决心都能做好

赚到钱吗？

我用我自己的经历告诉你，真的能。

上面所有这些顾虑，我都曾有过。作为一名知识付费讲师，我在2020年就看到很多知识付费大咖老师纷纷入局直播，并取得了不错的成果。但因为这些顾虑的存在，整整1年之后，我才终于踏上直播之路。开播之后，我的观看数据也并不出色。一开始只有十几人、二十几人。后来坚持直播，人数有所上升，但也只稳定在每场五六十人。那我的业绩如何呢？就靠这五六十人的流量，我3个月就达到了百万销售额。这说明，视频号直播的成交，并不一定需要很大流量。小流量也可以撬动大业绩。

如果说我个人的案例可能还带有偶然性，那么，行动派直播营无数学员的真实经历，都能证明，这不是偶然，而是规律。在本书中，你将看到许多真实案例，以及对这些案例的详细拆解。

实际上，我们通过大量实践总结出，想要做好视频号直播，背景、实力、专业度、主播形象、口才、直播环境……都不是最重要的。做好视频号直播的决定性因素只有两个：一是坚持，二是精雕。坚持按一定频率直播，最好能做到日播，每次不少于1小时。同时，不断优化直播前中后的各个环节，每次都比上一次进步一点点。根据我们的观察，能毫不动摇做到这两点的，无论是零基础小白，还是有经验有实力的大咖，都是成长最快的那一批人。而这两点，任何一个普通人只要下定决心，都能做到。这也是我们能够坚定做出"人人都应该直播，人人都能做好直播"这个论断的根基。

其次，直播需要综合能力。学会直播的过程，就是培养、锻炼至少八种通用底层能力，包括表达力、营销力、定位力、拆解力、统筹力、时间管理力、选品力、费曼力[1]。而这些能力，无论在哪个领域，做什么事业，都需要用到。它们是决定一个人能赚多少钱的核心能力。

任何事物都有兴衰过程，直播也不会长盛不衰。但是，即便有一天直播风光不再，那些已通过直播锻炼出优秀综合能力的主播们，投身其他领域或采用其他方式创业，依然会是最容易出类拔萃的一群人。

从这个意义上讲，即便不为涨粉、赚钱，我也非常推荐每个人都躬身入局，越早越好，越投入越好。尤其是，对于那些觉得自己一没背景、二没实力、三没钱脉与人脉的普通人，通过直播磨炼出自己的核心竞争力，是性价比和效率都比较高的成长途径。而对于有一定基础的人，也可以通过直播，培养出一支有战斗力和协作力的高能团队，让自己的事业版图如虎添翼。

基于此，本书更偏重直播思维和直播能力的讲解，而相对弱化直播平台功能和技术的介绍。功能和技术在不断迭代发展，底层思维和能力则永远具有强大的普适性。在创作本书时，我对自己的要求也是，要让读者从书中学到直播精髓，举一反三。而不仅仅是学到一些具体步骤和技法。

祝你在阅读过程中，学有所成，希望本书能助力你在直播之路上走得更顺利、更长远。

---

[1] 把学到的知识用直白浅显的语言讲清楚的能力，这是需要学习能力、理解能力、归纳总结能力、简化能力的一种综合能力。——编者注

目录
CONTENTS

/ 第一章
直播心态：
新人直播前，扫清五大认知误区

1.1 个人形象普通，圈粉能力未必弱　　005
1.2 直播设备简陋，效果未必差　　009
1.3 观看人数少，销售额未必低　　014
1.4 不是领域专家，也有好内容　　018
1.5 零基础入局，也能快速获得收入　　019

/ 第二章
直播定位：
三问定位法，总有一个方向适合你

2.1 三问自己，找到最适合的直播方向　　026
2.2 定位工具：个人 IP 定位梳理表　　039
2.3 打造硬人设，三步写出吸睛的自我介绍　　043

001

/ 第三章

直播内容：

每天直播一小时，没你想的那么难

3.1 三个方法，找到源源不断的新鲜内容　　062

3.2 善用连麦，用一份内容产出 N 份价值　　069

3.3 三条思路，轻松写出一小时直播稿　　076

/ 第四章

直播产品：

搭好产品矩阵，迈出创收第一步

4.1 直播间选品，要配齐"三驾马车"　　088

4.2 没有产品怎么办？这些产品人人都能卖　　096

4.3 从过往经验中，萃取最值钱的知识产品　　099

/ 第五章

直播销售：

巧用直播技巧，轻松卖出爆款

5.1 分阶段设计话术，打造超人气直播间　　116

5.2 成功的销售都相似，秘诀只有三点　　130

5.3 夸产品不如讲故事，用场景打动客户　　146

/ 第六章

直播统筹：

拿来即用 SOP，轻松统筹大直播

6.1　直播准备期：准备充分，直播就成功一大半　　169

6.2　直播执行期：SOP 比个人经验更可靠　　192

6.3　直播复盘期：高手快速成长的秘密就是复盘　　196

/ 第七章

直播 + 私域：

做好六项精进，N 倍放大直播成果

7.1　直播 + 企业微信：最高效的用户沉淀链路　　216

7.2　直播 + 朋友圈：巧妙晒单，越晒越有单　　219

7.3　直播 + 社群：建立直播陪伴群，培养付费铁粉　　223

7.4　直播 + 短视频：从拍短视频开始练习出镜　　229

7.5　直播 + 公众号：把日更变成获客方式，天天涨粉　　234

7.6　直播 + 私聊：抓住破冰窗口，拉近用户距离　　235

第 一 章

直播心态:

新人直播前,
扫清五大认知误区

直播是当下离普通人最近的掘金机会。好多人都想抓住直播红利，但真正躬身入局前，绝大多数人仍然会有顾虑：

我长相普通，个性平平，谁会看我直播？谁会支持我？

我不会化妆，直播要开美颜吗？美颜要开多大？

我没有直播设备，不懂打光，不懂直播话术，也没有经过专业培训，我真的能把直播做起来吗？

我一看镜头就紧张，面对观众也不知道说什么，直播间经常冷场，我真的适合做直播吗？

好不容易下定决心开直播，播了一段时间，直播间只有寥寥几位观众，我还要继续坚持下去吗？

搞不清直播定位和人设，想到什么播什么，最后直播内容乱七八糟，这样播下去有意义吗？

直播红利真的还在吗？零基础入局真的能行吗？

…………

零粉丝基础、没有才艺、没有颜值、没有资源、没有设备，甚至

第一章 直播心态

觉得自己从头到脚，从里到外根本就不适合做直播。

以上，无论是从零起步的素人，还是在某领域已有成就的牛人，在初次面对直播时，都会有这样的顾虑。

对陌生事物心怀忐忑，是人之常情。不仅是直播，每当决定尝试一些新事物时，我们都会不自觉地给自己创造非常多的假想敌。

比如，决定换城市工作生活，就会想自己在新城市能不能找到工作；决定学乐器，还没买设备，就在担心自己学不久，学不会，乐器最后会不会落灰；决定学习烹饪，还没开始就在担心课程太难自己学不会……

假想敌的危害有多大？

最初我们会因各种假想敌，不敢轻易去尝试，接着是陷入假想的怪圈里，然后就有各种理由让自己能心安理得地放弃尝试新事物。

久而久之，不敢尝试的新事物多了，你就会被自己困住，我们个人的发展自然也会不知不觉停滞了，人生的可能性也会大大被局限住。

事情还没开始做，我们自己就把自己打败了。可是其实啊，你所设想的敌人都是假的，那个最大的敌人，是自己。

你知道吗？

现在好多能单场直播轻轻松松销售几十万元、几百万元的主播，一开始面对镜头时也很紧张，也会有各种各样的顾虑，但是啊，他们没有退缩。他们决定要做直播，就去做了，就去迎难而上了。

爆款直播间

当他们硬着头皮上的时候，当他们踏踏实实走进直播间，摸清楚直播营销的方法论后，就发现，很多当初以为会影响做直播营销的因素，其实只不过是自己心里假想出来的，那些障碍并不真实存在。

跨过这些顾虑后，他们后来一步一个脚印，从0到1，慢慢做出了百万级别，甚至是千万级别的直播间。

这一年，我们也收到过好多小伙伴的私信。他们言语中，也都是有各种各样的顾虑，因这些顾虑，他们每次看着别人发出一份份耀眼的战报，心生向往却迟迟不敢迈出第一步。

所以，在告诉大家直播技法前，我觉得先和大家分享直播心法更为重要。在学习实际的方法论前，知道这些直播心法，可以让我们最大限度地少走一些弯路。

因为如果一开始我们就把这些顾虑全都消除掉，把所有错误认知全都纠正，在一开始就树立了直播的信心，调整好自己的心态，那之后在直播路上遇到的所有困难，我们就都有信心可以克服。

万事开头难，当你打败了这些假想敌，当你踏踏实实毫无顾虑地走进直播的世界，你就会发现，其实一切都没有想象的难，直播的世界也真的很美好。

在这里，你能不断收获新的体验，新的认知和经验。而当你在直播的世界里坚持下去后，自然就能收获名和利，更重要的是还能收获一大批支持和跟随你的小伙伴。大家一起在直播的世界里，变得更优秀，更有力量。

踏足直播，并且认真做好后，直播会赋能人生，让我们拥有更广阔、更自由的人生。

第一章　直播心态

所以接下来，本章将逐一分析五个最常见的新人直播认知误区，全方面帮你扫清顾虑，树立直播信心。

1.1　个人形象普通，圈粉能力未必弱

镜头焦虑是最常见的一种焦虑心态。大部分人此前很少有在公众面前演讲的经验，忽然要在屏幕前分享，一想到陌生人和熟人都可能来到直播间，近距离看到自己的外貌、听到自己的声音，难免感到紧张，心里不停打鼓：

"我长得不好看，又不擅长化妆打扮，会不会被笑话？"

"我最近胖了，在镜头前会不会显得更胖？"

"我有口音，普通话不标准，观众能接受吗？"

"我没有演讲经验，讲得不够生动有趣，观众会不会听一会儿就跑了？"

"我一紧张就容易结巴、忘词，观众会不会觉得这个主播不专业？"

…………

以上所有"内心戏"，我们都曾有过。2020年2月直播热火朝天时，我们就预判属于自己的直播机会要来了，但因为以上的顾虑，我们一直到2021年2月才正式开始直播，中间整整拖了一年时间。

其实我们的担忧并非没有道理。当时我们在朋友圈晒出近照，确实有一些人对我们的外貌做出评论，比如胖呀，丑呀。开始直播后，也确实有观众在评论区留言说"老师普通话不标准，回去练习练习再来当主播"。

那是什么促使我们最终下定决心坚持直播呢？答案可能令你意

外——是对收入的迫切需求。

以素宣为例,当时知识付费界普遍遇到招生瓶颈,很多知名的知识服务类自媒体人纷纷下场直播。素宣尝试过许多招生引流的方法都收效甚微,眼看同行们搞直播风生水起,终于决定迈出直播第一步。

人最痛苦的时刻,往往是成长的最佳契机。在痛苦的逼迫下,才能勇敢直面自己害怕的事物。素宣开始直播前尝试这样鼓励自己:"直播不一定有收入,可是不直播一定没收入。所以,不管我上镜怎样,不管观众笑不笑话,先去做再说。"

所以,当你也被同样"内心戏"所困扰时,你可以问问自己:"我到底有多想赚钱?"当赚钱的动力超过对直播的恐惧时,恐惧就无法阻拦你。这一步必须靠你自己迈出去,别人才能帮助你走完剩下的九十九步。

刚开始直播时,评论区的确有一些不和谐的声音,但数量很少,远比她预想的要少。等她直播到十几场时,不和谐的声音就完全消失了,再也没有人否定过她的外貌和口音,反而有评论说"老师长得真可爱,没想到口才也这么好,反差萌""老师的声音很特别,听过一次就记住了"。

仅仅半个月,风评就迅速往好的方向转变。素宣还是那个素宣,并没有改变。只不过,观众被她分享的内容吸引,根本不在意她的形象和声音。听得多了,观众反而觉得那是一种个人特色,十分亲切。

设身处地想一下,一个观众随机进入一个平台推荐的直播间观看,他对主播一点都不了解时,第一反应是看颜值,听声音,凭借这些粗浅的第一印象给主播贴标签。但如果主播提供的内容足够有价值,能吸引观众在直播间多停留一会儿,那么这个第一印象就很容易

第一章　直播心态

改变。

你可以问问自己："我是要靠脸和声音赚钱吗？"当然不是。如果观众想看这些，他就会去专门的秀场类直播间。如果这类观众"误入"你的直播间而表示不满，你也无须在意，因为他并不是你的目标客户。

目标客户来到你的直播间，是想听到有用、有趣的内容，想买到性价比高的产品。这才是做直播要关注的重点。千万不要主次颠倒，把很多精力用在纠结自己的外在条件上。很多知识类大咖，长相并不出众，但他们一开口，就足够自信和专业，观众照样会被吸引。

自信的人会发光。如果你自己都不够勇敢、不够自信，因为容貌和口音而自卑、扭捏，又怎么能指望观众喜欢这样的你呢？

除了勇敢和自信，还有三个方法可以帮助你减轻镜头焦虑。

第一个方法是逐级扩大直播范围。"行动派直播营"有位学员叫大酱，从零开始做直播，她就是用这个方法帮自己克服镜头焦虑的。

首先，大酱先做了6场只有自己一个人的测试直播。将直播间设置成"特定人可见"，这样只有被主播邀请的人才能进入直播间，不用担心被其他人看到。她把直播间当成练习演讲的舞台，反复练习、调整自己的演讲细节，直到熟练。

然后，大酱又做了20多场小范围直播。她选择在自己的学员群里直播，群里只有10个人，都是她的朋友和支持者。面对他们直播，大酱依然会紧张，但多次直播之后，紧张感就慢慢消失了，再做公开直播也不太害怕了。

最后，她正式开始做公开直播。半年后，她完成了自己的第一

爆款直播间

场12小时直播挑战，单场观看量（简称场观）2000人，销售额47 000元，这场直播的销售额相当于普通工薪阶层近半年的收入。对素人主播来说，这是一个可喜的成绩。

第二个方法是连麦。最好找一位直播经验丰富的主播来连麦，让对方控场。

素宣刚开始直播时，怎么都无法说服自己不紧张。一位大咖老师给她支招说："你来跟我连麦吧，你只管分享故事，我来主持和引导，保证能托住你，不让你冷场，也不让你掉到地上。你就当这是一次试音，感受一下镜头，再去开自己的直播。"为提高成功率，这次素宣选了她非常擅长的营销话题作为分享主题。

果然，跟大咖老师连麦几分钟后，素宣就渐渐忘记紧张，放开自己，正常发挥。之后再开自己的直播时，也能轻松自如了。

也可以跟与自己同段位的人连麦，直播时就像和朋友聊天那样，只是聊天的地方变成直播间。两个人你一句我一句地聊，总比一个人对着镜头讲要放松许多。

第三个方法是写下逐字分享稿。带着逐字分享稿上场，就像正式考试前先做了一遍卷子，带着正确答案上阵。准备越充分，上场越不紧张。一旦忘词，逐字分享稿也能提示自己。

琦琦在做直播前，已经是经验丰富的讲师，线上线下都有很多次连上几小时课的经历。出口成章对她来说不是难题。但即便如此，面对全新的直播环境，前十几场直播她依然会写好逐字分享稿，后面熟练了才改成只写提纲概要。

第一章 直播心态

俗话说"万事开头难",反过来说,只要敢于开头,就已离成功不远。抛开包袱,先走出不完美的第一步,再通过不断迭代,离完美越来越近。如果不敢开始,完美永远不会到来。

1.2 直播设备简陋,效果未必差

工欲善其事,必先利其器。可是随便逛逛一些热门直播间,就会发现热门直播间大都布置得美轮美奂,设备、灯光、场景、道具无不专业。这也让不少新人望而却步:"这些设备加起来起码十万元以上吧?这投入成本太高了,可是如果不投入好设备,能吸引到观众吗?"

其实,对新人来说,用几件简单不贵的直播设备,再加上几个布景小技巧,就能打造出一个赏心悦目的直播间。

极简直播设备,只需要一部手机、一个支架和一盏灯。

现在大部分品牌的手机摄像头像素都足够高,画质清晰,能够满足直播需求。用正在使用的手机直播就可以,无须专门购买。手机支架可以选一款能够升降和折叠的,方便携带。最好还带有旋转功能,方便从各个角度展示自己和产品。满足这两个条件的手机支架,十元以内就能买到。

灯光对直播间的打造非常重要。充足的光线能让主播的脸显得柔和白皙,看起来光彩动人。而若没有灯光,即便精心化妆,在屏幕上看也会显得憔悴和模糊。

新手主播可以先买一盏LED环形直播灯,只要带有调节色温、调

爆款直播间

节亮度和散热的功能,就能满足大部分布景需求。如果你经常坐在桌前直播,买桌面款;如果你经常站着直播,买落地款。使用时将灯放在自己侧前方即可。价格从几十元到几百元不等,对新手十分友好。

那么直播背景又该怎么布置呢?

其实,白墙就完全可以。知识主播可以用书柜、书架作为背景。直播间里主播才是主角,背景不能喧宾夺主,无须过多装饰。

以琦琦和素宣为例,琦琦的直播间,经常用书架当背景:

第一章 直播心态

素宣的直播间,有时用书架当背景,有时就用大白墙当背景:

一些大主播的直播间十分炫酷,有悬浮字、产品图、引导语等特效,那需要使用电脑,通过推流直播来实现。电脑直播设备包括电脑、摄像头、视频采集卡和收音设备,后期可以根据自己的需要逐步添加。

为了增加直播趣味性和互动性,可以使用一些简单的道具。

素宣经常使用可擦写手举牌,一边直播,一边把促销信息、本场直播数据等写在牌上展示出来,还能实时更新,互动性非常强,很容

011

爆款直播间

易带起热卖氛围。一张手举牌的成本才几元钱。

还有一种常用道具，是打印好的A4纸，把二维码、产品图片、产品信息、福利活动信息等打印在纸上，拿在手里讲解。讲究一点的还可以用KT板、喷绘布等，颜色更鲜艳，更耐用。

上面讲到的所有设备和道具，都很方便打包携带，出差去外地也不影响直播。比如下面这张图，是素宣春节在老家直播时的全部装备。

第一章 直播心态

她用老家房间里的展示柜当直播背景，进行连麦直播，单场销售额接近8万元。

可见，简单的直播设备，也能播出好效果，卖出好业绩。

013

1.3 观看人数少，销售额未必低

新手主播刚开始做直播时，直播间平均场观通常只有十几人，甚至几个人。而且这种状况会持续很长一段时间。新手最忐忑的就是，人这么少，能有成交的订单吗？

答案是，能。而且成交额也可以做到不低。

琦琦和素宣刚起步做直播时，2个月直播50场，平均场观仅20—30人。第一个月都没有业绩，但在第二个月开始发力，每场都能卖出几万元课程。很快，琦琦和素宣的直播间销售业绩就相继突破100万元，琦琦更是被视频号官方评为优质主播。

琦琦和素宣起步快，是因为她们的私域做得好，尤其是朋友圈，沉淀了大量精准粉丝，每年仅通过朋友圈成交的金额就达到七位数。以素宣为例，开启直播后，她将朋友圈和社群粉丝引导到直播间，直播间能够让粉丝近距离与素宣真人交互，比起之前在朋友圈和社群只能通过文字交互，直播给双方带来了全新体验和深入了解，激活了不少沉默粉丝，最终让他们下单成交。而来到直播间的新观众，素宣也会引导他们加自己好友，新观众通过朋友圈能快速了解素宣，很容易转变为粉丝甚至铁粉。

本书第七章将详细讲解直播与朋友圈、社群、公众号、企业微信等微信私域生态圈的联动。它们相互促进，产生1+1>2的效果。直播销售，功夫不仅在直播间里，更在直播间外，多管齐下才能见效更快。

对已经在微信或其他平台有粉丝积累的主播来说，将粉丝引导到直播间里，并坚持直播，保证直播频次，很容易快速做出成绩。

第一章　直播心态

那么，对没有积累的素人来说，观看人数少也能有成交订单吗？当然能。虽然会慢一点，但比其他变现方式，直播仍然有优势。

"行动派直播营"有位学员叫木凡，在直播营从零起步，3个月就变现了10万元。

木凡是一位三胎妈妈，为了兼顾家庭，她没有选择上班，而是开了一家茶空间，既卖茶叶，又可以让客人在店里喝茶。茶空间客单价高，但客人少，常常一天没有一个客户进店。加上装修和租金成本高，木凡长期保持收支平衡，略有盈余的状态。

结果新冠一来，木凡的茶空间立刻扭盈为亏，亏损了200多万元。为了挽回损失，木凡想到了直播，而且直播时间灵活，也不影响照顾家庭。

刚开始直播时，直播间观看人数只有个位数，最差时直接掉到0。茶叶当然也没卖出去。

但素人起步有个好处是没有心理包袱。牛人做直播，如果观看人数和粉丝数量长期悬殊，对个人品牌是一种损害。但素人没有这个担忧。当直播间观看人数掉到0时，木凡的第一反应是，截图纪念这历史性的一刻，以后不可能更差，只会更好。

视频号直播，无论素人还是牛人，无论起步阶段还是成熟阶段，对变现有直接影响的因素只有四个：

（1）视频号粉丝数量

粉丝越多，预约和观看的人数就会越多。粉丝至少要达到1000人，才有长期稳定变现的可能。如果粉丝数还没有达到这个数字，那么比起开播，更重要的是要想办法涨粉。

木凡一开始视频号粉丝只有200多人。她做了一个自我介绍的短视频发在视频号上，又写了一条自我介绍文案，连同短视频链接一起，私聊发给朋友圈每个人，邀请他们关注自己的视频号。大部分人对三胎宝妈创业还是很支持的，信息发出后，80%的人都关注了。仅用2天就达成视频号粉丝破千的目标。本书第二章将讲述如何写出吸引人的自我介绍。

这样，木凡的直播间平均在线人数就从不到10个人，涨到12人左右，多的时候有20—30人。

（2）直播宣传力度

俗话说"酒香也怕巷子深"。直播之前，一定要在朋友圈和社群反复宣传，拉升预约人数。预约之后，开播时观众会收到微信发来的提醒，这样就能增加开播时的观看人数。重要的里程碑直播宣传，更要充分调动自己所有的私域流量和连麦嘉宾的资源。

本书第六章会介绍直播准备期的各项宣传工作。准备充分，直播就成功了一大半。

（3）内容质量

直播内容不可全是干货知识，因为观众看直播是为了休闲，不是为了上课学习；也不可全是产品营销，除非你的产品性价比超高，要靠抢才能买到。视频号直播最好干货与带货内容相结合，并用故事的形式包装起来。木凡一开始就陷入了只讲茶叶知识的误区，后来她调整话术，掌控好分享与卖货节奏，效果立竿见影，之后每场直播的成

第一章 直播心态

交额都没有低于四位数。

本书第三章与第五章会分别讲述内容选题与销售话术，助你打造有吸引力和成交力的直播间。

（4）直播频次

这是最关键的因素。一场直播至少1小时，很多新手主播会想，一开始少播几次，保证质量，以后再慢慢提高频率。这个想法是错误的。

正相反，视频号的平台规则是鼓励主播多播、常播、坚持播。根据老师们的实战经验，要想得到更多系统推流，需要每天直播不断更，至少连播1个月。

而且有些客户很能沉住气。木凡直播间有位铁粉，每场直播都会来听，听了2个月，没买任何东西。到第3个月时，有一场直播，这位粉丝忽然下单了接近1万元的茶叶，木凡都惊呆了。

她这才发现，很多客户会关注你一段时间，但是需要在某个契机影响下才会成交。你不知道哪一天你讲的什么内容就会突然打动客户。从概率上讲，只有坚持直播，才能创造更多契机。只要客户一直留在直播间，就有无限可能。

所以，观看人数少，也并不影响成交。只要观众足够精准，加上主播坚持直播，成交只是时间问题。木凡靠着12人的平均场观，3个月卖出10万元茶叶。

抓住以上4个因素，没有销售经验和粉丝积累的新手主播也能做好。木凡的起点比很多人都低，线下经营惨淡、带3个孩子牵扯大量精力、一开始直播没人看……但她抓住关键因素发力，拿着一把烂牌却打出了王炸效果。希望她的经历能给你一些启示。

1.4 不是领域专家，也有好内容

刚才提到的四个直播变现关键因素中，有一个是内容质量。这也是让许多新手主播犯难的地方："一次两次产出优质内容容易，可是天天直播，哪儿有那么多优质内容呢？我又不是专家，没有在某个领域深耕过。"

不是领域专家，依然可以源源不断产出观众爱听的好内容。其实，好内容就在身边，只要有心，生活中、书籍中、网络上，都能找到无穷无尽的内容灵感。

本书第三章会介绍三个挖掘内容的方法，普通人花几天时间，轻轻松松就能列出一整年的直播主题清单。还会再给你三条思路，将每个主题快速写成一小时直播稿。

还有一个更好的方法——连麦直播，让嘉宾来输出内容。"行动派直播营"有一个经典案例，学员李菁，由于咽喉炎几乎不能说话，她连续七天每天邀请一位嘉宾连麦直播，销售额还突破了10万元。

能做到这么高的业绩，除了直播前在视频号、公众号、社群、朋友圈中多轮宣传，拉升预约人数和场观外，还有两点特别重要。

第一是借助团队的力量。直播间评论区互动、直播链接转发、直播交流群内互动、金句海报制作转发等，都可以交给团队来做。团队可以是自己的助理、客服，也可以邀请铁杆粉丝来担任义工。众人拾柴火焰高，N个人的力量远比一个人的力量要大。

第一章 直播心态

第二是提前做好详细的连麦流程表。提前与每位嘉宾确认好分享主题和现场互动问题，并让每位嘉宾都了解完整的直播流程，细化到几点连麦，几点开始分享，几点做福袋抽奖活动，等等。如果要在直播中销售产品，还需与嘉宾沟通如何在分享内容中植入产品价值、植入营销信息。

本书第三章的连麦部分会演示详细做法，包括如何寻找和选择连麦嘉宾、如何提高邀约成功率、如何与嘉宾高效沟通。掌握正确方法，就能事半功倍。

所以新手主播不必担心，直播内容关看似难以跨过，实际解决起来还是比较容易的。

1.5 零基础入局，也能快速获得收入

新手主播都会关心的一个问题是："我到底要多久才能获得收入呢？"

琦琦和素宣都提倡"回报学习法"。学到的知识要尽快应用，带来回报。学习是件苦差事，尝到甜头才有动力继续坚持。在"行动派直播营"中，已经有不少纯素人学员，在1—2个月内成功通过直播变现。

许多新手主播在刚开播时还没有自己的产品，或者产品还不完善，这时可以借助微信小商店来实现卖货的需求。微信小商店提供了海量产品供带货主播选择，主播挑选好自己心仪的产品，把链接挂到直播间就可以售卖了。相对其他品类，图书是一种标准品，品质稳定，售后问题较少。最重要的是售卖门槛低，任何人读完书都可以在

爆款直播间

直播间聊书的内容、读书感悟，顺便推荐书。一本书的内容撑起1—3场直播很轻松。对观众来说，一本书价格不贵，试错成本低，也愿意下单尝试。所以，图书是缺少自有产品的新手主播练习直播销讲（销售讲解，简称销讲）的较好选择。

"行动派直播营"有位学员李黎，用图书试水直播带货，在平均场观十几人的条件下，一周卖出54本，并撬动私域变现上万元。

李黎从事健康管理行业，正在打造自己的科学减脂瘦身服务产品。但是她的产品体系还没有完善，目前只有万元以上的私教服务，很难在直播间直接成交。怎么办呢？李黎决定用图书作为突破口，在直播间售卖健康、减肥相关图书，先打造自己的专业形象和个人品牌，吸引有相关需求的粉丝，后续再慢慢通过私域变现。

她为自己制定了"直播卖出50本书"的目标，并在直播间官宣。接下来，她动用自己所有的私域资源来达成这一目标。坚持每天更新公众号，在公众号宣传"我想送你一本书"活动，为直播造势；在朋友圈预告自己将在直播间领读的图书清单；邀请朋友帮自己拉人捧场，给朋友送书；邀请"行动派直播营"的同学连麦，互相导流……尽可能争取更多的预约和场观人数。

直播时，李黎手捧纸质书，先带大家读书，分享1小时干货，接着就进入营销环节，用给力的优惠折扣和丰富的福利赠品吸引观众下单。每卖出1本书，就立刻把销售数字写在手举牌上，举牌报成绩，并同步在朋友圈和社群里报喜，营造热卖氛围。这套组合拳下来，最高一场卖出了12本书，累计卖出54本。

更可喜的是，有观众听直播被她的专业和利他精神打动，主动私聊咨询，最终付费购买了她的万元私教服务。

第一章　直播心态

　　李黎的直播变现路径，给新手主播们提供了一个很好的范本。从零起步时，可以从领读、售卖自己领域的图书开始，一边分享干货内容，打造个人品牌，一边练习跑通变现闭环，打磨销讲技能。同时逐步完善个人产品体系，让自己的直播事业走上正轨。这样即便是纯素人零基础，也能很快实现变现。

　　本章分析了五种新人入局直播时最常见的畏难想法。总结一下，直播变现没有想象中那么难，很多你以为难以克服的障碍，比如个人形象普通、直播设备简陋、内容输出难等，其实都有简单方法可以解决。

　　对新人来说，最重要的是坚持每天直播，坚持不断涨粉，坚持直播前大力宣传。只要能做到这三个"坚持"，一两个月内变现就不是梦想。

　　相信看到这里，你已经不那么惧怕直播，甚至有些跃跃欲试了。那么，下面就正式开启我们的直播之路吧。

第 二 章

直播定位：

三问定位法，
总有一个方向适合你

每一个想认真扎根直播赛道的人，第一个要面临的问题就是选择自己的定位。"我到底要做什么领域？""我要讲什么内容？""我需要打造一个什么人设才能受欢迎？"没想清楚这些，很多人都不敢贸然开始。甚至有些人因为迟迟确定不了自己的定位，所以直播计划一延再延，始终无法开播。

但在此，我们要恭喜大家遇到了定位的难题。遇到了定位难题，首先，说明你思想求变，意识到了现在的瓶颈，并且愿意付出行动；其次，你开始思考自己要什么了，我觉得这是很棒的事情。

我们这一章节，会带你廓清定位的含义，并教会你用"三问定位法"找到适合自己的定位，还会补充如何让粉丝感知、认知你的定位等细节，一站式帮你解决定位难题。所以，你应该能在这里找到你想要的定位问题的答案。

不过，比起这些，我们更想在前面就告诉你：**定位是在行动中找出来的。**

拿琦琦自己的案例来说，她就是在一个别无选择的情况下去做

第二章　直播定位

视频号直播的。在事业发展得顺风顺水的时候,她从没有想过去做直播,当时的她觉得作为创始人,就应该在公司里面管理公司,运筹帷幄,跑到直播间里面去直播对她来说太可怕了。平时做老板的她,能直接看到员工的成绩,但是看不到自己的成绩。这造成了一个舒适区——没有人可以指着老板说,老板你也错了,老板你也成绩不好,慢慢地,当老板久了以后,就不太想要去面对那些特别真实的成绩了。所以当时琦琦就坚决不做直播,因为觉得做直播,就是她自己在屏幕前了,要是卖不好就会非常丢人,而且做完直播,观看量、观看人数、增粉人数、卖货多少,成绩单是马上就可以看到的,这让琦琦充满顾虑。但是因为疫情,没办法了,再不做就没机会改变了,可能就会被时代淘汰了,所以才不得不选择视频号直播。

在直播之前,琦琦甚至都没有想过要做定位,只是简单地保持更新。看过的书、经历的生活、喜欢的课程、做老板的心得、谈恋爱的经历,没什么是不能拿出来分享的。就是靠着这些不断的分享,后来琦琦慢慢带领公司走出困局,越做越好。

定位是在行动当中获得的,这真是我们实践得出的真理。

你不要怕说自己早期内容乱了,风格多样了要怎么办,没有关系的,要知道,所有的人在进入视频号直播的最早期,都是没有定位的。新东方也是做了很多的尝试后,才慢慢地找到自己的风格的。

或许你本来只是想分享音乐知识,然后发现自己的演奏很受粉丝欢迎,慢慢地发展成了音乐演奏博主;或许你只是想分享自己的恋爱经历,然后发现自己更擅长聊天,慢慢地发展成了情感博主;或许你是个老板,只是想来卖卖自己公司的商品,最后发现原来自己销售能力很强，渐渐地你也开始销售别的公司的好产品了……

总之，尝试的过程会带给你定位的灵感。所以想找定位，最关键是要行动。

如果你一直纠结于那些关于定位的细小的问题，你是永远迈不开做视频号直播的步伐的。你也不要觉得自己早期这样直播会和自己以后的定位不搭，其实没关系，后续你在不断尝试中找到了最想要的定位后，再把前期做过的错误方向放弃掉或者删除掉就好了。

如果你不行动起来，比如说我们这章教大家的所有定位方法你都不尝试，你就依然对直播没有感觉。找到属于自己的定位的核心就是你在这个直播的过程里要先行动起来，多做尝试。相信，只要直播频次够多，定位一定会浮现的。

所以我们一定想要在告诉大家定位方法的最前面告诉大家——不行动，一切都是0。

2.1 三问自己，找到最适合的直播方向

什么是定位？定位，就是市场需要且你能做到的差异化。如果你能提供市场需要的价值，且与众不同，就能长久稳定经营。

可以借助生物学中的"适者生存"来理解定位。在一个生态圈中，每种生物都占据着一个生态位。这个生态位是食物链的一环，在生态圈中不可或缺，为维持生态圈的平衡贡献了自己的一份力量。若这个生态位缺失，生态圈的某一部分就会失衡。要想恢复平衡，要么食物链结构重新调整、洗牌，要么出现一种生物来填补这个生态位。

第二章　直播定位

若有两种生物占据相同的生态位，它们之间就会产生竞争，结果就是一方胜出，继续繁衍生息，一方被淘汰，灭绝。最终一个生态位上只能存留一种生物。这就是适者生存。

市场中的定位也是如此。越是欣欣向荣的市场，淘金机会越多，涌入市场的竞争者也越多。如何在这样的市场中长久获利？答案就是差异化竞争，占据一个独特的定位，满足市场的某种需求。

直播方兴未艾，水大鱼大，不要怕对手多，而要怕客户记不住你。只要你有与众不同的地方，就可以放大成为你的特色，让目标客户记住你。但要注意，你想做的定位一定要在你力所能及的范围内。若超出能力范围，定位再好也占不住，迟早被人抢去。

如此，寻找定位的路径就很清晰了：

如果你已经在某领域有积累，或者已决定好想做的方向，就要从"差异化"入手，找到一个该领域或方向内尚未有人主打的差异化定位。

如果你是纯素人，想通过直播起步，但还没想清楚具体做什么，不妨从"市场需要"和"力所能及"出发，先找一个二者的结合点，不断学习提升，让自己在这个点上具备一定的竞争力。之后再来考虑"差异化"。

以上分析也提示你，入局直播要趁早。早入局早占位，拥有先发优势。对后来者来说，与其在这个定位上费力超过你，不如再选一个其他定位。如果入局太晚，竞争者已经林立，想再找到差异化定位就很难了。

接下来，只要问自己三个问题，就能轻松找到自己的定位。这三个问题分别是：我要卖什么？我擅长什么？用户需要什么？

2.1.1 一问产品：我要卖什么？

直播的最终目的是通过销售获得收入，所以不妨以终为始，先思考要卖什么产品。

产品分为两类，实物产品和知识产品。主播可以售卖自己的实物产品。视频号平台为扶持主播，也在微信小商店提供了海量实物产品，供没有自己产品的主播选择带货。若想售卖知识产品，可以自己研发，也可以与其他知识付费讲师合作，代销其产品。

所以，现在做直播带货，基本不用担心供应链问题，几乎任何你想卖的品类都能找到可靠货源。只需考虑自己的心之所向。

入驻视频号直播初期，建议你从实物产品和知识产品中二选一，只卖实物产品，或者只卖知识产品。因为观众对带货主播和知识主播的人设要求不太一样。前期越聚焦，观众对你的定位认知越清晰，越容易吸引到目标客户。

客户希望带货主播独具慧眼，且精明会买，这样自己无须操心货品甄选和比价，闭眼随便买，款款是好物，价格还实惠。这就是带货主播需要为客户提供的价值。

客户希望知识主播专业可靠，能授业解惑。把深奥复杂的知识点用人人能懂的方式讲出来，把形而上的概念与生活实际结合起来，针对客户遇到的问题给出切实可行的解决方案。这就是客户想从知识主播那里获得的价值。

通常人们对带货主播的印象是擅长推销，逐利为本；而对知识主播的印象是腹有墨水，耻于谈钱。然而打造人设时，却要反其道而行之。

做带货主播，要尽可能让利给客户，帮客户找到性价比最高的

第二章 直播定位

产品,薄利多销。要让客户感觉到,你完全站在他这边,为了让他省钱,宁可牺牲自己的利润。这样客户才会信任你。如果客户发现,你选品的原则不是客户至上,而是为自己赚钱,客户就会弃你而去。

做知识主播不能避讳谈钱,甚至要主动谈钱。因为除少数纯因兴趣爱好而学习的客户外,大部分客户为知识产品付费,最终都是为了赚钱。有的是谋求直接变现,有的是先谋求提升技能、拓展人脉、职场升职、打造个人品牌……然后再通过这些方式获得收入。如果知识主播不能帮客户用知识变现,不能证明自己帮客户变现的能力,就不是一个合格的知识主播。

售卖实物产品和知识产品,又分别可以细分为两个方向。

售卖实物产品,有综合品类和垂直品类两个方向。前者售卖范围不限于一个品类,后者则聚焦一个垂直分类。相应地,带货主播的角色也有两种——综合型带货主播和垂直型带货主播。

走综合品类路线,并不意味着什么产品都能卖。选品需要符合某种固定的调性。比如,只选性价比极高的生活好物、只选小众轻奢款、只选潮流时尚产品、只选民族风格强烈的国货品牌……那么相应的,综合型带货主播的人设也要符合选品调性。若要主打性价比,主播必须拥有丰富的生活经验和购物经验,形象和语言都要接地气;若走小众轻奢路线,主播也要是个"小资"人士;若以时尚潮流为主,主播最好是个时尚爱好者,对近期时装周、各大品牌新款、明星穿搭如数家珍;若只卖国货,主播也要拥有国货情怀。

对新人来说,直接在视频号上做综合品类带货直播,难度很大。因为视频号在一众直播平台中是后起之秀,在淘宝、快手、抖音等先

爆款直播间

发平台上,都已经有许多成熟的综合品类带货主播,他们才是客户的首选。除非新主播能拿到更低的折扣。但这非常难,比起根基薄弱的新主播,已有众多忠实拥趸的成熟主播显然更有议价优势。

若要做综合品类,建议采取"迂回战术"。视频号扎根于微信平台,而微信是以信任为纽带的强关系社交平台。可以先从分享个人故事、购物心得、穿搭知识等内容开始,做观众喜欢且需要的内容,通过内容建立信任,然后再植入产品。

相比之下,走垂直品类路线要容易一些。首先,一个观众很难同时关注10个综合品类主播,浏览一圈后,一般会选1—3个比较喜欢的主播长期跟守。但他却可以轻松关注10—20个不同垂直品类的主播,因为这些主播满足的是不同的需求。因此垂直品类机会更多,能容纳更多"生态位"。其次,观众对垂直品类的主播最大的要求是专业,而对主播个人特质、个人调性的要求没有综合品类那么高。所以垂直品类的主播打造人设、输出内容会更容易。

举个例子,盘发是一个很小的细分领域。如果要做盘发主播,直播时可以直接教大家各种盘发方法。这完全是主播的个人经验分享,只要简单易学,发型漂亮,有需求的观众就会留在直播间。观众还可以现学现卖,对主播的语言风格并没有多少要求,有其他特色是锦上添花,没有也无伤大雅。

而且积累起忠实粉丝群后,垂直品类也可以向综合品类扩展。比如盘发主播除了售卖盘发用品和发饰,也可以售卖项链、手链等其他饰品,再扩展到服装、美妆等。直播内容也可以同步扩展到分享化妆和穿搭技巧。

第二章　直播定位

售卖知识产品，可分为兴趣类和成长类两个方向。前者以学会某种兴趣爱好为目标，后者以掌握技能或实现个人成长为目的。相应地，知识主播也有兴趣型知识主播和成长型知识主播两种角色。

兴趣型知识主播要富有生活情趣，并展现与产品匹配的气质。比如，要教插花课程，主播最好气质温婉，仪态优雅，一举一动都仿佛中国画上走下来的古典美人；要教手绘课程，主播最好青春可爱，有一颗童心；要教吉他课程，主播则不妨打扮得休闲随意，这样在他认真专注地投入音乐时，反而会产生一种反差感。以上人设，都符合客户对主播的期待。

成长型知识主播要展现热爱生活、积极乐观、努力学习、永远前进的生活态度。主播可以一开始就以成功榜样的形象示人，也可以起点很低，一路成长起来，让观众见证成长过程。总之，要让观众看到，通过学习和应用主播售卖的知识产品，能够成长提升，收入增加，获得幸福的人生。

从某种意义上讲，客户从带货主播和知识主播这里购买的都是"更幸福的生活"，只不过途径不同。客户希望从带货主播那里买到好物，改善物质生活；而对知识主播，客户是希望能变成主播那样的人，或者至少能向其靠近一步。

无论做带货主播还是知识主播，等到业务娴熟，积累起庞大客户群体后，都可以尝试向另一个领域渗透。比如琦琦做知识主播起家，2022年7月，琦琦一手策划"美妆节"带货直播活动，首场GMV就达到78万元。许多小有成就的带货主播也开设教人怎么带货的课程，亲自授课。

直播之路走到最后，大家殊途同归，顶级的主播都会成为综合型主播。这也证明直播营销的本质，是营销主播的个人IP[1]。最终粉丝都是因为主播这个人而留下来，不断复购。

但在直播之路的起点上，还是要先选一个方向聚焦突破。不妨问问自己，平时是更喜欢研究买买买和吃喝玩乐，还是更喜欢钻研兴趣爱好，提升能力；是更热衷与人分享好物，还是分享知识。等你弄清楚自己的兴趣点，选择也就清晰了。

> 思考时刻：
> 你要选择做哪种主播呢？为什么？
> A.综合型带货主播
> B.垂直型带货主播
> C.兴趣型知识主播
> D.成长型知识主播

2.1.2 二问能力：我擅长什么？

能力分为两种，专业能力和特长能力。

专业能力是立足之本。

对带货主播来说，专业能力就是对所卖品类的了解程度，包括对

---

[1] Influential Property的缩写，意为影响力资产。指个人借助新媒体，通过特定内容的创造，坚持长时间高频率规律化的有效输出，形成一种意识占有权，进而引来流量，吸引支持者，形成个人影响力。——编者注

第二章 直播定位

行业、供应链、原材料、制作工艺、产品功能、产品审美、竞品对比等的了解。

琦琦经常逛一位女装主播的直播间，每个月都要在那里购置几千元的衣服。那位主播在入局直播前，深耕女装供应链二十多年，非常专业。她推荐衣服时，时而介绍面料和辅料分别来自哪些大厂，如何稀少难得；时而细述某处工艺为何复杂难做；时而举例今年的时尚流行元素，如何穿搭才能不落新潮……而且她一边介绍产品，一边还能给在评论区报出自己身高体重的观众推荐合适的尺码和款式。以上种种，都能让观众感知到主播的专业能力，迅速成为主播的粉丝。

对知识主播来说，专业能力就是对所卖知识或技能的实践经验和教学能力。

比如琦琦就是知识主播中的佼佼者。她自己既是直播高手，拥有丰富的直播经验，直播间GMV超过千万；她又是优秀的老师，创办行动派服务商和行动派直播营，带领旗下主播们创造GMV过亿元的里程碑业绩。前者证明了她的实践经验，后者证明了她的教学能力。

知识主播的实践经验和教学能力缺一不可。有的主播自己是大牛，却不懂得怎样教学，让学员也变成牛人。有的主播讲得天花乱坠，深入人心，但自己却业绩寥寥，无法证明内容的实用性。这两类主播都走不长远。

特长能力是主播的"独门绝技"，可以作为直播间亮点和特色。

琦琦有段时间对珠宝首饰很感兴趣，关注了不少主播。其中有两位她特别喜欢，还特意研究了一番。不妨称她们为A主播和B主播。

A主播卖翡翠，但她不是卖自己的产品，而是去翡翠市场逛摊位，现场带观众看货。若发现好货，A主播就当场砍价，砍到满意的价格再推荐给观众。A主播砍价能力十分了得，经常能砍到老板出价的1/10，所以直播间粉丝众多，每款几乎都是秒杀。

时间久了，A主播会固定去一些熟识的摊位，老板专门给她留货。A主播嗓门大，砍起价来激情澎湃，生生把万元以上的翡翠售卖搞出菜市场甩卖白菜的氛围。直播间经常发生这样一幕，A主播砍价太狠，老板接受不了，拍桌子喊"我不卖了"，拿起翡翠转身就走，却被A主播拖住，软磨硬泡非让他卖不可，最终老板只好忍痛割爱。观众们一边看好戏，一边忙抢购，直播间氛围一直非常热烈。

其实观众未必不知道，A主播会跟老板提前沟通，甚至有剧本。但是，人都有爱看热闹的心理，而且A主播确实能将价格砍到底线，内行的客户也认为很值。假戏变成真做，反而成为锦上添花的直播间特色。

B主播的直播间则是另一种画风。B主播是一名珠宝设计师，她的直播间就是自己的工作室。直播时，她永远不疾不徐，像展示心爱的收藏品一样，一一为客户介绍每款翡翠饰品的设计灵感，以及适合搭配的年龄、风格和场合。客户在这里能学到不少翡翠知识，还能挑到最符合自己需要的饰品，如送妈妈的、送客户的、参加晚宴的、日常佩戴的……

这两位主播领域相同，但风格迥异，都根据自己的特长能力选择了最适合自己的定位。

售卖知识产品也是如此。同样是直播营老师，琦琦和素宣的定位就各有侧重。

琦琦是正念智慧的践行者，一直倡导正念直播，提倡用分享利他

第二章 直播定位

的心态来做直播，不以赚钱为第一目标。虽然做直播最终是为了赚到钱，但只盯着钱看，往往赚不到钱；而心怀利他之念，真诚地帮助他人，却往往可以收到他人的感激和金钱回馈。因此，琦琦总是用正向的故事打动人，用正念的理念引导人，用温暖的鼓励激励人，成为学员的精神支柱。

素宣则是一位实干派，行动果决，做事高效，善于链接和整合资源。她以身作则坚持直播，被琦琦称为"直播营最卷的女人"。学员遇到问题时，素宣总会及时出现，提供解决方案和资源支持。她既是学员的开路先锋，也是学员的后盾保障。

两位老师一"文"一"武"，一个"仰望星空"，一个"脚踏实地"，她们相得益彰，都深受学员信任和爱戴。

对在某个领域深耕多年、有所积累的人来说，找到自己的专业能力和特长能力并不难。但很多素人新主播还不具备这两种能力，需要从零开始培养。那么，素人新主播应该怎么选择适合自己的培养方向呢？

适合新人学习的专业能力，是通用的硬技能或软技能。硬技能是指能够产出作品的技能，比如PPT（演示文稿）制作、摄影、编程、手绘、手作、烘焙等。市场对这些技能有直接需求，有人愿意为作品付费。软技能则是指无法直接产生作品，无法通过作品变现，但能让人成长、间接变现的技能，比如快速阅读、时间管理、职场沟通、育儿、销售等。还有一些专业能力兼顾软硬两种属性，如写作、笔记、统筹等。

这些硬技能和软技能，几乎都可以在市面上找到对应课程。建议新人分别从硬技能和软技能中各挑一种你最感兴趣的，深入学习，将硬技能作为专业能力，将软技能作为特长能力。比如，烘焙+育儿，做一个烘焙博主，主做婴儿辅食、儿童趣味餐食、儿童点心等。再比如，手绘+职场沟通，可以分享职场沟通技巧，每场直播手绘一张本场内容要点，让观众印象更深刻，还可以将手绘图片发到朋友圈和社群，作为传播素材。

若感兴趣的技能比较多，可以多多尝试，最终确定一硬一软两种技能主攻即可。

还可以通过挖掘自己的过往人生经历来寻找专业能力和特长能力，甚至将它们变成知识产品。本书第四章将详细介绍如何做。

> **思考时刻：**
>
> 请评估自己的能力。
>
> 如果做带货主播，你打算卖什么产品？你对该产品的行业、供应链、原材料、制作工艺、产品功能、产品审美、竞品对比等环节了解程度如何？你的特长能力是什么？
>
> 如果做知识主播，你打算卖什么产品？你在该领域的实践经验和教学能力分别如何？你的特长能力是什么？
>
> 评估之后，才能更好地扬长补短哟。

2.1.3 三问市场：客户需要什么？

寻找直播定位，客户需要是重中之重，选择产品和发展个人能力，都要与客户实际需要相匹配。

第二章　直播定位

直播最终是为了赚钱，而掏钱者是客户，客户只会为他的需求掏钱。你能赚到多少钱，取决于三个因素：有多少客户有需求、客户愿意为需求掏多少钱、你还能满足客户多少其他需求。

同样的起点，由于对客户需求把握不同，而选择稍有差别的领域和定位，就可能产生几十倍的收入差距。

琦琦有位朋友做美妆，在直播间分享化妆技巧，数据一直不温不火。因为美妆领域主播众多，已经是一片红海。琦琦建议她稍稍改变一下方向，并给了她两个建议。

第一个建议是，面向大学生和职场新人群体，从零起步教化妆。这两个群体对学化妆有刚需，也愿意付费，但教授的化妆技巧要简单易学，推荐的美妆产品也不能太贵。直播时用长相普通的素人当模特，并关掉美颜，让观众看到最真实的妆面效果。直播间售卖的美妆产品要精挑细选，口红、粉底液、眼影等不同功用的美妆产品每种只挑选一两款平价产品进行售卖，直播化妆时就反复使用这些产品。客户变成铁粉后，随着她们的成长，会需要更多化妆进阶技能，有很多拓展可能性。

第二个建议是，做面向男性客户的美妆导师。美妆领域的服务对象一直以女性为主，但实际上，越来越多的男性开始注重自己的形象，也需要美妆指导。这个细分领域是红海中的蓝海。而且，注重形象的男性往往自身素质和所处层级比较高，对价格不敏感，适合售卖较高利润的产品。且未来还可向穿搭配饰方向延展。

琦琦这两个建议，都是在一个热门大领域中，再切入一个细分领域，看似覆盖的人群数量变少了，实际上聚焦后的目标客户群需求更"刚"，付费意愿更强，而且都兼顾了延展性，未来可满足目标客户更多需求。

这位朋友仔细思考后，选择了第二个建议，半年直播间粉丝就达到3万，月销售额稳步上升，目前已达到50万—70万元。

琦琦创办行动派也是同样的定位思路。在知识付费赛道上，个人成长一直是热门领域。琦琦将定位进一步细化为女性个人成长，客群主要是全职妈妈和职场妈妈。这是因为，女性无论在职场打拼还是全职带娃，受到的限制都比男性更多，个人价值感更低。因此，女性对个人成长和提升价值感有更迫切的需求。当然，行动派招生并不限于女性，也有不少男性学员慕名而来。但行动派总体定位是为女性服务。

> **思考时刻：**
>   你所售卖产品的目标客群，能细分成哪些小客群？他们的需求有什么不同？哪一种竞争更少，赚钱可能性更大，延展性更好？

定位成功与否，很多时候就取决于市场这一问功课有否做足。定位是一根针，越聚焦，扎得越深、越稳。在定位方面，精即是强，少即是多。

2.2 定位工具：个人IP定位梳理表

经过刚才的三问分析，相信你已经能够勾勒出自己定位的基本轮廓。

下面这张"个人IP定位梳理表"，将沿着三问定位法继续细化，帮你梳理出一个清晰明确的直播定位。

个人IP定位梳理表

三问定位	细化分项	定位结果
一问产品	我要卖的产品类别是什么？（4选1） 综合品类实物产品 垂直品类实物产品 兴趣类知识产品 成长类知识产品	
	我的产品具体包括哪些？	
	我的产品优势/特色/主要卖点是什么？	
	我的产品调性是什么？	
	与产品调性相匹配的个人形象是什么样的？	
	与产品调性相匹配的直播间环境风格是什么样的？	
二问能力	我的专业能力是什么？	
	我的特长能力是什么？	
	结合专业能力和特长能力，我的直播风格应是怎样的？	

续表

个人IP定位梳理表			
三问定位	细化分项	定位结果
三问市场	我属于哪个行业/领域？	
	有哪些需求的人会是我的目标客户？	
	根据这些需求，我的目标客户身份有哪些？	
	我的目标客户是哪个年龄段的？	
	我的目标客户性别比例是多少？	
	我的目标客户多在哪个地域？	
	我的目标客户的人格特征是什么？	
	我的目标客户的爱好特征是什么？	
	我的目标客户的付费行为特征是什么？	
	我的目标客户喜欢什么样的榜样/偶像？	
	我的目标客户喜欢什么样的直播内容？	
	目标客户中，哪些人的付费意愿和能力最高？	

第二章　直播定位

以下是素宣的个人IP定位梳理结果，供参考。

<table>
<tr><th colspan="3">素宣个人IP定位梳理表</th></tr>
<tr><th>三问定位</th><th>细化分项</th><th>定位结果</th></tr>
<tr><td rowspan="6">一问产品</td><td>我要卖的产品类别是什么？
（4选1）
综合品类实物产品
垂直品类实物产品
兴趣类知识产品
成长类知识产品</td><td>成长类知识产品</td></tr>
<tr><td>我的产品具体包括哪些？</td><td>"轻松做笔记"9.9元
"超级笔记术"899元
"项目统筹力"2399元
"1对1私教课"15000元</td></tr>
<tr><td>我的产品优势/特色/主要卖点是什么？</td><td>1.提高工作和学习效率
2.平衡工作和生活</td></tr>
<tr><td>我的产品调性是什么？</td><td>1.高效
2.快速出结果</td></tr>
<tr><td>与产品调性相匹配的个人形象是什么样的？</td><td>优雅、干练、精致</td></tr>
<tr><td>与产品调性相匹配的直播间环境风格是什么样的？</td><td>知识分子+精致女孩混搭风，背景是书架，有一些小摆设</td></tr>
<tr><td rowspan="3">二问能力</td><td>我的专业能力是什么？</td><td>超级笔记术、项目统筹、时间管理、朋友圈营销、直播营销、社群营销、课程研发、个人品牌打造</td></tr>
<tr><td>我的特长能力是什么？</td><td>交付强，营销强，善于讲故事</td></tr>
<tr><td>结合专业能力和特长能力，我的直播风格应是怎样的？</td><td>1.故事为主，案例丰富，以真情实感打动人
2.现场即兴连麦答疑，展示个人能力</td></tr>
</table>

续表

三问定位	细化分项	定位结果
三问市场	我属于哪个行业/领域？	教育-个人成长
	有哪些需求的人会是我的目标客户？	1.高效工作 2.高效学习 3.高效生活
	根据这些需求，我的目标客户身份有哪些？	1.职场人士，尤其是职场妈妈 2.轻创业者 3.全职妈妈
	我的目标客户是哪个年龄段的？	25—45岁
	我的目标客户性别比例是多少？	女90%，男10%
	我的目标客户多在哪个地域？	一二三线城市
	我的目标客户的人格特征是什么？	不安于现状，努力上进，积极学习
	我的目标客户的爱好特征是什么？	喜欢技能提升和赚钱带来的成就感，因而喜欢所有能帮他们提升技能和赚钱的事物
	我的目标客户的付费行为特征是什么？	愿意为知识付费，付费意愿和付费能力与学习后获得成果的可能性强相关
	我的目标客户喜欢什么样的榜样/偶像？	1.学霸，学得快，学以致用快，知识变现快 2.有明确清晰的人生理想，并不断为之奋斗，活出精彩 3.善于发现和享受生活的乐趣 4.从普通人逆袭成功
	我的目标客户喜欢什么样的直播内容？	1.普通人逆袭故事 2.个人成长/变现实践经验
	目标客户中，哪些人的付费意愿和能力最高？	1.有轻创业/副业发展需求的女性 2.当前遇到瓶颈问题的职场人士

表头：素宣个人IP定位梳理表

2.3 打造硬人设，三步写出吸睛的自我介绍

观众可以通过你的言谈举止感知到你的三观、性格等，这是一种潜移默化的"软人设"。除此之外，还有一种"硬人设"，是你主动宣传自己时使用的文案和话术。"软人设"需要相处一段时间才能慢慢了解，而"硬人设"可以在短短几秒内立竿见影。因为观众还来不及了解你时，只能暂时相信你自己的表述。

所以每个人都要特别重视硬人设的打造，这决定了观众对你的第一印象。心理学中有个"首因效应"，意思是人际交往中，第一印象决定了对一个人80%的总体印象。而且这个印象一旦建立就很难改变。在线上，硬人设主要以自我介绍的形式体现。可以说，自我介绍写成什么样，新观众对你的第一印象就是什么样。

自我介绍有两种，一句话自我介绍和一段话自我介绍。接下来会分别讲解这两种自我介绍该怎么写。除此之外，还会提供五个小技巧，让平淡的自我介绍变得有亮点、有特色。

2.3.1 写好一句话自我介绍，一秒抓住目标客户注意力

一句话自我介绍，最常用于自媒体账号的个人主页。本书第七章将会告诉大家，要想取得优秀的直播业绩，需要多管齐下，既要做好直播本身，也要重视直播与微信生态中各个平台——如视频号、公众号、个人微信朋友圈、企业微信等——的联动。这些自媒体账号的头像旁边，都有放自我介绍的位置。由于篇幅有限，通常只放一句话自我介绍。当新粉丝关注后，第一眼就会看到这里的自我介绍，因而十分重要。

爆款直播间

此外，一句话自我介绍也经常用于线上、线下第一次亮相时的自我介绍中。比如新加入一个社群时，通常需要发自我介绍，开头第一句话也非常重要。

一句话很短，内容有限，只能包括名字和一两个主标签。比如：

> 我是行动派创始人琦琦。

"行动派创始人"是主标签，"琦琦"是名字。

> 我是拥有1万条笔记的超级笔记术创始人素宣。

"拥有1万条笔记""超级笔记术创始人"都是主标签，"素宣"是名字。

想让一句话自我介绍具有吸睛效果，只能从名字和主标签这两方面入手。

容易让人记住的名字有三种。

第一种是真实姓名。比如素宣就是用了真实姓名。素宣原本的网名叫鬼鬼，是她大学时起的。但是这个名字比较普通，而且风格可爱，适合女大学生，但不适合一位个人成长领域的知名讲师。相比之下，"素宣"这个名字端庄雅致，颇有书香气息。纯白为素，佳纸为宣，其色如玉，其质韧坚。非常符合素宣的个人形象。

中国人重视给孩子起名，父母长辈往往翻遍书籍，群集智慧，力

第二章　直播定位

求起一个寓意美好、朗朗上口、易写好记又有特色的名字。自己起的网名在这些方面未必能胜过真实姓名。而且使用真实姓名，相当于用个人品牌为自己的事业做背书，会让观众和粉丝更有真实感，更愿意信任主播。

但有些人的真实姓名比较常见，辨识度不够高，那么可以起一个看起来像真实姓名的名字。比如许多明星、作家为人熟知的名字，并不是他们的真实姓名。

第二种是混搭风。尤其是两个不同领域的混搭。反差越大，越容易让人记住。比如育儿领域博主年糕妈妈，在普通人眼里年糕是一种常见的食物，和妈妈连在一起，亲切易记。再比如国内知名的一些乐队，黑豹乐队、唐朝乐队、花儿乐队、刺猬乐队，并没有选用音乐相关的名词，而是用了跟音乐毫不相干的动物、植物、历史领域名词。这种起名方式简单易模仿。

第三种是定位+名字。将个人定位、个人特色直接与名字组合在一起。比如琦琦是行动派创始人，她自我介绍时，就会称自己是"行动派琦琦"而不是"琦琦"。"行动派"既是她创办的教育机构名称，也是一种做事风格，一语双关，十分贴合琦琦的人设。"琦琦"这个大众化的名字，也因捆绑了个人定位，而显得与众不同。

但要注意，个人定位本身要足够细分、有特色。比如素宣如果介绍自己是"印象笔记师素宣"，那观众只会记住印象笔记，并不会记住素宣。但素宣将名字改成"超级笔记师素宣"，"超级笔记"这个词是素宣自己的创造，指一套笔记方法论，而不是一种笔记工具，个人特色就很鲜明了。

爆款直播间

接下来，主标签怎么设定呢？主标签应该彰显人设定位，让人一看就懂。一般有两种风格。

一种是实力派，直接用数据证明自己的实力。比如：

> 我是20岁就赚钱买了1套房的×××。
>
> 我是一年阅读2000本书的×××。
>
> 我是帮助10万家庭完善理财规划的×××。

很明显，上面三个例子的主播定位分别是赚钱高手、阅读达人、家庭理财规划师。

还有一种是搞笑派，用来凸显主播的风趣人设。比如：

> 我是拥有1亿细胞的凡夫俗子×××。
>
> 我是美妆主播中睫毛最长的×××。
>
> 我是厨师中最会跳舞、舞者中最会做饭的×××。

第一个例子纯粹展现主播的搞笑定位，而第二个和第三个例子在搞笑同时，还能让观众看到主播的特长，且这个特长也与定位有关。

把主标签和名字组合起来，就是一句话自我介绍了。每个人都应准备多个版本的一句话自我介绍，用于不同场合。

比如，作为直播营老师介绍自己时，琦琦和素宣可以这样介绍：

第二章 直播定位

> 我是直播间千万GMV的教培主播行动派琦琦。
>
> 我是直播间平均在线40人实现60万元销售额的直播销讲达人素宣。

这两个主标签都强调自己作为主播的实力。

而参加创业者聚会做自我介绍时,两位老师又可以这么讲:

> 我是带领旗下主播拿到1亿GMV业绩的行动派服务商创始人琦琦。
>
> 我是拥有16项可变现跨界兴趣的斜杠创业者素宣。

这两个主标签,一个强调自己创业的成绩,一个强调自己创业的能力,都与创业密切相关。

通过一句话自我介绍,新观众能迅速对主播产生某种主播想要的第一印象。就像对接头暗号一样,新观众能判断出这是不是自己想关注的主播,主播也能筛选到自己的潜在目标客户。在短短几秒内,"接头"工作就已完成。

2.3.2 写好一段话自我介绍,让别人主动关注和链接你

一段话自我介绍通常用于在一个群体中第一次亮相时。这是大多数人最熟悉的自我介绍。新学校开学,要在班级做自我介绍;新入职公司,要在部门做自我介绍;新加入社群,要发一段自我介绍;参加

正式或非正式的聚会，经常要做自我介绍；在大众面前演讲，首先要做自我介绍……

当然，主播在直播间也经常要做自我介绍，让新观众认识自己。所以，一段话自我介绍能用到的场合非常多。

口述的自我介绍通常在一分钟以内，换成文字，就是一段100—200字的文字。这段文字可以传递的信息比一句话要多很多，但篇幅仍然有限，必须挑选重点。

可以用MTV法则来构建一个简单的自我介绍框架。MTV是三个英文单词的首字母缩写。

M代表Me，自我。介绍自己的姓名、身份、职业、家乡、兴趣爱好等基础信息，让对方对你有一个基本的了解。

T代表Task，成就。把自己的闪亮点讲出来，可以是做过的最厉害的事、擅长的技能或其他长处。一般列举三五件。一个人的闪亮点远远不止这么多，要挑选对方可能感兴趣的点来讲。

V代表Value，价值。在将自己的闪光点介绍给对方的基础上，让对方知道你能带给他什么价值。

M、T、V三个模块，都要迎合对方的需要，尽量从对方可能会感兴趣，或你们双方可能有共通之处的点来讲。目的是给对方创造关注你、链接你的契机。

第二章 直播定位

可以用下面这个自我介绍模板来梳理MTV三模块。

模块	内容
Me自我	
Task成就	
Value价值	

比如,素宣的自我介绍是这样的:

模块	内容
Me自我	大家好,我是素宣,超级笔记术创始人。
Task成就	青年作家 中国人民大学EMBA(高级管理人员工商管理硕士) 华为、百度、平安多家公司分享讲师 有16项可变现兴趣爱好 跨界做知识付费1年收入200万元
Value价值	如果你想提高学习力,或者实现职场跃迁、知识变现,欢迎来找我,相信我能帮到你。

爆款直播间

许多学习型社群为鼓励新人积极做自我介绍，会提供一个自我介绍模板，比如类似下面这样的：

```
我叫_____
坐标：_____
职业：_____
一句话形容我：_____
个人成就事件
1.
2.
3.
……

我能提供给大家的资源：_____
我参加社群是想解决什么问题：_____
我期待在社群学习的收获：_____
```

按这个模板，琦琦的自我介绍可以是：

```
我叫行动派琦琦
坐标：深圳
职业：讲师、创业者、主播
一句话形容我：头部教育博主和主播
```

第二章 直播定位

> 个人成就事件：
> 1.视频号1000万GMV直播间主播
> 2.全网矩阵粉丝超千万的教育自媒体人
> 3.胡润百富"创富新势力"创业者
> 4.创立的行动派荣获"中国教育领域十大创新品牌"等超过40项行业奖项
>
> 我能提供给大家的资源：<u>想提升直播技能，或者在直播方面有问题想咨询的小伙伴，欢迎来找我，相信我能帮到你</u>
>
> 我参加社群是想解决什么问题：<u>想提升自己的快速阅读能力</u>
>
> 我期待在社群学习的收获：<u>期待链接更多热爱学习、热爱直播的伙伴</u>

这个模板融合了上面的一句话自我介绍和MTV三模块，排版也简洁清晰，重点突出。建议你在新社群做自我介绍时，都参照这个模板来写。如果社群并未要求自我介绍格式，这个模板能让你的自我介绍在一众信息中脱颖而出。

2.3.3 五个优化技巧，让平淡无奇的自我介绍焕然生辉

如果觉得自我介绍不够出彩，没有很亮眼的成绩怎么办？使用本节介绍的五个小技巧，能够在不改变事实的前提下，优化表达，放大优势，让自我介绍更吸引人。

爆款直播间

（1）数字法

将行动和成绩具化为数字。常用的列举方式有三种。

第一种是"成绩好"，比如：

> 一场直播销售5万元
> 公司销冠，个人销售额占部门总销售额的30%
> 在××演讲比赛中获得第1名

每个人的人生中总有几次成绩斐然的高光时刻，可以专门挑选这些时刻来写。

第二种是"时间长"，比如：

> 连续记账15年
> 坚持早上5:30起床读书300天
> 每天分享1个育儿小知识，已坚持275天

任何微不足道的行动或习惯，只要坚持时间长，都能变成让人刮目相看的成绩。即使完全从零起步，也可以马上开始积累，能坚持30天以上，写进自我介绍就很吸睛。

像记账、早起、阅读、分享、夸奖别人、运动等行动，每个人都能随时开始，轻松做到。

第二章 直播定位

第三种是"累积多",比如:

> 累积输出学习笔记20万字
> 创办手作工作室8年
> 帮助100位全职妈妈找到收入渠道

累积的数字看起来多,其实分拆到每一天并不难。比如说,每天阅读1篇公众号文章,每篇文章大约是2500—3000字,一年下来阅读量就是100万字左右。每天发3条朋友圈,一年下来就超过1000条。

(2)对比法

展示前后变化的对比。对比越大,越容易勾起别人的好奇心。如果这个对比能在一个很短时间内达成,就更让人想一探究竟了。

比如素宣在直播间讲述的人生经历中,让人印象最深刻的有这几条:

> 3年从负债七位数,到存款七位数
> 从大学挂科、英语四级不通过的学渣,逆袭成17门A+的学霸
> 从直播间功能都不会用的直播小白,到视频号官方认证的"优质主播"
> 从不敢上镜的"容貌焦虑症患者",到勇敢直播100场,变现60万元的自信主播

就算没有这么厉害的逆袭经历，也总会有成长经历和解决问题的经历。比如：

> 从带娃天天抓狂到育儿有方，成为被孩子崇拜和依恋的好妈妈
>
> 从厨艺渣，到能随手做出100道美食
>
> 从懒癌星人，到天天早上5:30起床的早起达人

许多养育过孩子的人，都会经历这些成长变化。

再比如，很多人都曾为解决某个问题，或掌握一门技能而付费学习，或者通过书籍、网络、请教他人等方式学习成长，经历"从××小白到××达人"的蜕变。这种经历也很适合写进自我介绍。

（3）身份法

给自己贴一个身份标签，比如"××达人""××践行者""××师"，这样会让人感觉很厉害。

比如有位学员自我介绍写的是：

> 坚持写日记1000+天
>
> 年阅读量50+本

素宣用身份法修改后，变成：

> 日记达人，坚持写日记1000+天
>
> 阅读达人，年阅读量50+本

原有内容并没改变，只是多了两个标签，看上去就显得更牛、更专业了。

再比如有位学员自我介绍是：

> 从一年看1本书，精进到一个月阅读30本书

素宣也给她加了两个有反差效果的标签：

> 从一年读1本书的阅读困难户，蜕变成一个月读30本书的阅读高手

修改后，前后的对比更加明显。

（4）画面法

画面感强的文字，会让人印象更加深刻。在描述中加入一些细节描写，就能达到这一效果。

比如，对比下面的两条自我介绍，第二条使用画面法，显然更有感染力。

055

> 被公司聘为××项目负责人
>
> 经过5轮面试，一路过关斩将，从30位候选人中脱颖而出，成为公司××项目负责人

再比如，在介绍自己的兴趣爱好时，使用画面法能让人迅速在脑海中勾勒出这个人的性格和形象。

> 不爱诗但爱远方，行过许多地方的路，喝过许多种类的酒
>
> 有猫有狗，人生赢家

（5）反差法

打破大家对一件事的固有印象，达到出乎意料的效果。

比如说，一般人对IT（互联网技术）男的印象是直男，但一个"懂心理学的IT男"，就会让人觉得意外，从而印象深刻。再比如，看到美女，大部分人不会把她跟学霸联系到一起，那么一个"学霸美女"就格外引人关注了。

以下自我介绍也是使用了反差法：

> 一个不爱看书的讲师不是好的电力工程师
>
> 只认识26个英文字母的妈妈，培养出英语学霸女儿
>
> 北大毕业后去卖菜

使用以上这五个优化技巧，新手也能轻松写出让人眼前一亮的一

句话自我介绍和一段话自我介绍。

本章介绍的三问定位法和"个人IP定位梳理表",能帮助每一个新主播迅速找到自己的定位。再通过学习撰写自我介绍的各种技巧,小白也能轻松写出内容丰富、让人眼前一亮的自我介绍。

需要注意的是,定位并非一蹴而就,而是要在实践中,根据观众反馈不断微调,最终探索出自己独一无二的定位。定位是直播之前就要做好的工作,但也是一项随着直播事业发现不断校准的工作。

接下来,让我们开始着手规划具体直播内容吧。

第 三 章

直播内容：

每天直播一小时，
没你想的那么难

很多人不知道，想要做好视频号直播，内容是很重要的板块。如果你觉得直播只需要带货就好了，不需要做内容，这无疑是一种很大的偏见。

为什么要做内容？

一个核心的原因是咱们的身份。你一定会很意外："身份，我有什么身份？"在这里我要很认真地和大家说，无论在做直播前，你的职业身份是什么，一旦你开始做直播，你逃不开的身份就是：自媒体人。

正因为我们是自媒体人，我们或多或少有影响力，所以我们还要做内容。

如果你把内容做好了，你就可以骄傲地说我不仅是一个主播，还是一位自媒体人。否则你只能说我是一个主播，会带货但不太会做内容，那就非常可惜，这样下去你基本上也不会成为一个特别成功的主播。想想啊，如果你没有内容，没有分享，只有带货，那么是你或者是其他人站在那里讲商品，本质上没有任何区别，但是有了内容，有

第三章　直播内容

了因为你分享的内容而认同你的人，你就和其他主播变得不同了。所以一个好的主播一定是一位好的自媒体人，甚至我想直接说主播的核心身份是自媒体人，因为后者的更具个人特色，发展空间更大。

做自媒体人，内容就是重中之重。一个没有内容的直播间，用户凭什么为你停留？没人愿意为你停留的话，直播间凭什么有流量？只打价格战的话你的直播间和其他直播间有什么不同？归根究底，如果没有持续输出优质内容的能力，你的直播间就如昙花一现，无法建立个人IP，实现赢利。

不过，直播内容关并不难攻克，将"找内容"这个大难题拆解为几个小问题，就容易逐个击破了。

一场直播内容可以分为三部分——纯分享内容、销讲内容和互动内容。

只有纯分享内容需要面对持续输出的难题。销讲内容是营销产品的话术，与产品有关。直播营销中的互动内容有一些已被无数实践证明有效的方法和话术流程，将在本书第五章详细讲解。

通常来说，知识主播和保险、微商行业主播，更依赖通过分享展现自身专业性，获取观众信任。新手阶段以纯分享内容为主，一则锻炼自己的直播能力，二则靠内容吸引观众成为粉丝。之后再逐渐增加销讲部分。成熟的有一定粉丝基础的主播可以整场都是销讲内容。

而电商行业的带货主播，主要靠性价比优势和完善的售后服务赢得观众信任，让观众放心下单，因此不太需要纯分享内容，整场都是销讲内容。所以带货主播需要好好打磨营销话术。

除纯分享和销讲之外，一场直播也少不了主播与观众的互动。互动内容占比并不低，1小时中大约有10—20分钟是互动内容。互动内容分两种：一种是直播必须有的互动，包括开场互动、暖场互动、转场互动和下播互动。这四类互动内容也有一些常用话术，在本书第五章中详细介绍。另一种是灵活运用的互动，如果直播时长太长，可以省略；如果时长不够，可以拿来"凑时长"。

一场直播内容的常见结构是，开头为开场互动，结尾为下播互动，中间是分享和销讲。中间的分享和销讲，可以是先分享后销讲，也可以是多轮分享、多轮销讲，或者多轮分享加销讲，它们之间用转场互动过渡。当直播间气氛较冷时，使用暖场互动。当直播时长不够时，增加灵活互动。

本章将讲述如何保证直播中纯分享内容的持续输出，以及如何用灵活互动技巧增加时长。前者适用于知识主播和保险、微商行业主播，后者适用于所有主播。

3.1 三个方法，找到源源不断的新鲜内容

新手知识主播和保险、微商行业主播，通常从纯分享开始。不卖东西，只做分享。这样做的意义是先展示自己的定位和专业性，取得观众信任，打造个人品牌。

讲什么内容既能让观众喜欢，又有助于打造个人品牌？又怎样确保能源源不断地找到新鲜内容？针对这些问题，琦琦和素宣总结有三个方法：向生活要故事素材、联机搜索寻找热门主题、拆解标杆获得灵感。

第三章　直播内容

3.1.1　向生活要故事素材

想要做好直播，就必须会讲故事。观众来直播间并不是为了上课，而为了休闲娱乐。但观众也希望能在直播间有所收获，度过一段充实的时光，而不是消磨时间后徒留空虚。那么讲故事就是最好的选择。

深受观众欢迎的故事，都具有细节真实、感情真挚、情节曲折、结局美好这四个特点。主播自己的成长故事或逆袭故事，一般也最能引发同为普通人的观众的共鸣，若能再从故事中总结出一些能够通用的经验和道理，就能让观众看到自己也能成长、逆袭的希望。对这样的主播，观众很难不喜欢，不亲近，不信任。

因此，优秀的主播都懂得经常在直播中分享自己的故事。比如琦琦就在直播间讲过她与老公跨越年龄差距修成正果的"姐弟恋"；她如何从零开始，创办千万粉丝社群行动派；她如何在事业忙碌的同时不忘优雅生活，发现生活中的小美好……这些故事既有趣，又贴近大部分人的生活，还能给大家带来启发，为琦琦带来不少粉丝。

素宣也在直播中分享过很多个人故事，比如"成为拥有16条专业兴趣的人生玩家，我是怎么做到的？""从厨艺白痴到刷爆朋友圈的厨艺达人，仅因为这一句话""从创业失败，到年收入200万元，我是怎么做到的"。那些进入素宣直播间的观众光看这些标题，就已经被勾起了好奇心，忍不住一场接一场追下去，追着追着，就被素宣的个人魅力打动，路人转粉。

有人可能会觉得，自己不像两位老师这么优秀，没有那么多曲折动人的成长故事，怎么办？其实，故事并不是少数人的专利。每个人都能通过两个小方法，挖掘出精彩的人生故事素材。

爆款直播间

（1）自我故事五问法

"自我故事五问法"，是指问自己以下五个问题：

> 1.你至今为止倾注过热情的事有哪些？你为它们做了什么？感受是什么？
>
> 2.你坚持至今的事情有哪些？
>
> 3.你极度渴望向他人传达或分享的事情有哪些？
>
> 4.你经常被人夸奖的事情有哪些？
>
> 5.曾经是你弱点，后来被你克服掉的事情有哪些？你具体是怎么做的？

回答这些问题时，要把握三项原则。第一，要回溯人生过往所有经历，包括小时候的事。第二，无论多么微小的事，只要符合问题条件，就列出来。你认为不起眼的事，也许对别人来说是很宝贵的经验。第三，有些事情你可能没有很努力，三天打鱼，两天晒网，或者努力了也没有很好的成绩，或者成绩是靠花钱买来的，这都没有关系。回答这五个问题，重点在于你有没有认真去做过。论心不论迹，论因不论果。

有些问题也许你想不到答案，这也没关系，只要关注你有答案的那些问题就可以。

有一位学员，从高中毕业起就做了全职妈妈，十一年来从没有上过班，每天的生活就是照顾孩子和做家务，闲时刷刷手机。她的老公工作普通。她的孩子成绩平平，各方面都不出众。所以她觉得自己的人生没有任何亮点。

第三章　直播内容

她用五问法问自己，第1、3、5个问题都没有答案。但是对第2个和第4个问题，她想了想说，她很注重孩子的营养，每天坚持给孩子做一日三餐。一个原本不会做饭的人，做了十几年饭也练出来了，现在家人都觉得她做饭好吃。偶尔家里来客人，也会夸奖她的手艺。

琦琦告诉她，这就是一个很好的人生故事。为了孩子健康成长，逼迫自己成长学习，最后学有所成。这位学员试着在群里分享了这个故事，结果大受欢迎，大家纷纷向她请教各年龄段孩子的饮食搭配和做饭技巧。她这才发现，自己这么多年原来积累了不少菜谱和做饭经验，完全可以做一个健康+美食领域的主播，只是之前从来没有好好梳理过。她自信心大涨，平生第一次正视自己的价值。而在梳理过程中，她也逐渐回忆起许多做饭过程中酸甜苦辣的小趣事，故事库也越来越丰满。若不是这次梳理，她几乎都要忘掉那些故事了。

如果使用五问法后你确实没有答案，或者思绪太多，一时难以整理，那么也可以从最近的事情入手。比如：

今年我负面情绪最大的一个瞬间是什么？为什么会有负面情绪？我是怎么走出来的？

今年我最开心的时刻是什么？我做了什么？我因为什么而感到开心？

这个月我自己最满意的一件事是什么？最不满意的一件事是什么？

…………

类似的问题可以一直问下去，总有一个问题会有答案。你会发现，自己不可能是一个没有故事的人。

(2) 身边素材话题

如果担心自己的人生阅历不够丰富，挖掘不出很多故事，那么还可以挖掘身边人的故事。比如，亲朋好友身上发生的事、过年回家和亲戚聊天听来的事、和同事聊天听来的故事、自己亲眼见到的事、刷手机刷到的故事……生活就是一个故事素材大宝库，取之不尽，用之不竭。打开自己的信息天线，好故事就在你身边。

比如素宣有一个牛人朋友，人生经历非常传奇，他从普通中学的物理老师跨行跳槽成为技术公司项目经理，月薪翻十倍；又在行业内跳槽两次，创业一次，赚到一个亿；最后做到龙头企业的高管，每年为公司创造百亿业绩。素宣专门向他请教过他在每个人生关键时刻的抉择心路，受益匪浅。后来素宣在直播间多次分享这位朋友的故事，很受观众欢迎。

只要用心关注和记录，唤醒自己的故事力，就会为直播积累源源不断的故事素材。

3.1.2 联机搜索寻找热门主题

除故事以外，主播还需要分享一些领域相关的专业知识或技巧。知识主播，则更需要通过知识分享展现自己的专业性。

但长期在固定领域内输出，思维很容易僵化，无法延展出更多选题，慢慢就会感到没东西可讲。如何发散思维，找到更多选题灵感呢？联机搜索是主播必须掌握的技能。推荐以下三种联机搜索渠道。

第三章　直播内容

（1）搜图书

一本书的目录，每个小标题都可以看成一个小小的分享主题。从一本书中至少能获取十个分享主题灵感。

你不一定要买很多书。以卖书为主的当当网，涵盖了市面上各种畅销书和长销书，其图书介绍页面通常会提供完整的图书目录，只需搜索几秒就能找到，堪称是搜索图书的第一选择。

除此之外，你还可以在一些提供电子书服务的App上搜索到许多图书目录。比如微信读书、得到，都是提供电子书服务的主流平台。在得到上除了能搜索电子书之外，还能搜到专栏课程、有声书、讲座、期刊、话题、笔记等内容，可以从中获取更多灵感。

比如在得到上搜索"时间管理"，就能搜到"节省时间的好习惯""推进工作的时间管理原则""如何平衡工作与社交""如何过好假日""某某名人的时间管理心得""教给孩子的时间管理方法"等主题。它们分别从不同角度切入时间管理话题，每个切入角度又能延展出多个类似角度。这样就能轻松找到几十个主题。

（2）搜线上课程

与图书目录类似，从线上课程目录中也能获取到不少主题灵感。而且考虑到线上课程学员的接受度，课程标题和小标题一般都比较有吸引力，可以作为起直播标题的参考。

市面上有很多学习平台，搜索关键词就能找到某一领域的课程。点开查看课程详情页，通常会有详细的课程目录。常用学习平台有得到、荔枝微课、喜马拉雅、千聊、鹅学习等。

(3)搜社交平台文章

一些主流社交平台用户众多,沉淀了不少内容优质的长图文,也可作为参考。

最常用的社交平台是微信公众号、头条和小红书。相对来说,公众号包罗万众,很多文章既有深度,表达又浅显易懂。小红书贴近生活,看点赞量就能筛选出用户最喜欢的话题。头条介于两者之间,其图文板块更像公众号,微头条板块更像小红书。

通过以上三种搜索渠道,很容易找到几十个、上百个热门主题,一次性规划出一个月、一个季度甚至一年的直播主题,同时也能把握好直播节奏。这样直播主题就能做到不重不漏。虽然计划可能临时有变,但有计划就不用担心灵感枯竭,不需要每次都耗精力思考下一次直播什么内容。

3.1.3 拆解标杆获得灵感

还有一种更"偷懒"的方法,直接看自己的对标账号,或自己喜欢的账号都在做什么内容。

绝大多数创新是从模仿开始的。新手尤其应该重视研究其他优秀主播的做法。可以扩大研究范围,知识主播不妨研究其他知识主播的账号,无论具体是哪个领域;同理,带货主播则研究其他带货主播的账号。

从"新榜"平台上,可以找到各种视频号排名榜单,从中筛选50个左右自己喜欢的热门账号。视频号不仅是直播平台,也是短视频平台,统计这些账号近6个月的所有短视频主题,再根据点赞量、转发量，找到最受欢迎的主题。如果有主题被多个账号发布，且数据都不错，那就是不可错过的大热门主题。主题相似，但各个账号的具体内容一定会有差异。分析它们的差异，也能找到自己做内容的灵感。

如果你善于搜索和拆解，即便是刚入门的新手小白，也能通过以上三个找内容的方法，策划出成熟的直播内容，顺利攻克内容难关。

3.2 善用连麦，用一份内容产出N份价值

除了找内容，还有另一种攻克内容难关的思路——通过连麦分享，让连麦嘉宾输出内容，自己也能将一份内容多次复用。而且连麦嘉宾还能给观众带来新鲜感，帮主播背书。

连麦分享有两种形式：一种是自己只做主持人，由嘉宾做全部分享；另一种是自己和嘉宾轮流做分享，双方的分享时间差不多。无论哪一种，都要"礼尚往来"，对方付出时间精力，受邀分享，为你站台，你也要适时去帮对方连麦。这样大家都能减轻内容压力。

想要一场成功的连麦，功夫要做在直播前。准备工作包括三个步骤：

> （1）找到合适的嘉宾
> （2）发出邀约让对方同意
> （3）高效沟通连麦细节

下面逐一介绍。

3.2.1 两种渠道，找到合适的连麦嘉宾

什么样的嘉宾是"合适"的呢？主要看你要做多大规模的直播。一场直播GMV达到30万元，就算是较大的里程碑直播。如果你想冲30万元以上销售额，就要找擅长营销的主播，或者之前不太敢邀请的大咖主播来担任嘉宾。GMV在30万元以下的直播，或者不追求GMV的纯分享类直播，则适合请好朋友和老客户来连麦。

一场1—2小时的日常直播，邀请1位连麦嘉宾就够了，嘉宾分享时间控制在半小时左右。如果是6小时以上的超长直播，建议嘉宾人数为直播小时数减2，每位嘉宾分享时间也是半小时。比如6小时直播，就邀请4位嘉宾，嘉宾分享时间一共2小时，自己分享半小时，剩下3.5小时用于互动和销讲。这样分享、互动、销讲都有充足的时间，也方便你控场。

选择连麦嘉宾时，要从你熟悉的人里选，比如你身边的人、你打过很多交道的人、你看过对方很多场直播的大咖等等，确保对方有足够的表达能力，跟自己价值观也相符。不要邀请自己并不了解的人。

从哪里寻找连麦嘉宾呢？常用渠道有两个：

（1）老客户/老学员

购买过产品的老客户和上过课程的老学员，是连麦的第一人选。直播最终是为了销售，即便是纯分享直播，目的也是打造个人品牌，为以后的销售做铺垫。就像线上买东西会先看其他消费者的评价，真正有购买意向的潜在客户，也会很关心老客户、老学员的真实评价和反馈。请他们来直播间，亲口讲述他们使用产品的体验和学习成长的经历，最有说服力。

第三章　直播内容

要注意的是，跟老客户、老学员连麦，场观数据不一定高，但是留在直播间的观众，对产品、课程的购买意向都会比较强。

（2）社群好友和同行

不管是知识主播还是带货主播，只要做线上自媒体，都少不了要加入一些同行交流群和学习社群。这些社群就是寻找连麦嘉宾的"宝地"。平时留心观察谁在群里分享过优质干货或个人故事，谁表达的感染力强，遇到中意的人选，就可以加入储备名单。如果对方有直播间，还可以进去看看直播内容、场观数据、观众反应等。

反过来说，如果你想成为别人的邀约对象，也要经常在群里与别人交流和分享。

3.2.2　两个要点，提高邀约成功率

选好连麦嘉宾对象，接下来就要加对方好友，发出邀约。给对方发的邀约信息非常关键，决定对方对你的第一印象如何。

邀约信息要尽量简洁，减少对方阅读时间。邀约信息包括以下几项内容：

> 问候对方
> 你的目的
> 你的自我介绍
> 想让对方具体做什么
> 对方能获得什么
> 表示诚意

爆款直播间

写邀约信息时,注意以下两点。

(1)让对方感受到你的尊重和真诚

如果你看过对方的直播或分享,不妨在邀约中写下你对对方直播或分享的感受和得到的收获。这种具体到细节的赞美,最能表现自己的诚意和尊重,从而拉近彼此距离,提高邀约成功率。

(2)降低连麦门槛

要让对方觉得跟你连麦不需要花太多时间和精力沟通,邀约就会更容易成功。比如请对方分享他讲过的现成内容,不需要额外专门准备。再比如,只提出分享领域的请求,但具体主题由对方拟定。

以下是一个邀约模板:

> _____,您好!
>
> 　　我看了您的_____(分享),我觉得_____(谈谈你的感受和收获,并称赞对方)。
>
> 　　我想邀请您最近跟我做一次直播连麦,让我的直播间粉丝也受益。
>
> 　　想请您分享关于_____方面的内容,具体标题您可以随意设定。
>
> 　　期待您回复!

比如想邀请琦琦连麦，可以这样写：

> 琦琦，您好！
>
> 　　我看了您关于直播六项精进的那场分享，听完顿觉醍醐灌顶，就像打通了任督二脉一样，找到了我做视频号直播和微信私域的卡点到底在哪儿。
>
> 　　我想邀请您最近跟我做一次直播连麦，让我的直播间粉丝也受益。
>
> 　　想请您分享您的直播成长故事，尤其是您怎么做六项精进。具体标题您可以随意设定。
>
> 　　期待您回复！

这个模板适合第一次加对方好友时使用。如果你跟对方比较熟，就不用这么正式，只要把邀约的几项内容表达清楚即可。

3.2.3　一条时间轴，踩准节点高效沟通

如果嘉宾同意邀约，接下来就要沟通具体连麦事宜。沟通时间轴如下：

（1）提前1周沟通时间和主题

一般来说，要提前1周跟嘉宾确定直播时间和直播主题。尽量不要临时邀约。直播当天或提前1天邀约，大概率都会失败。尤其是大咖嘉宾，他们的时间表一般排得很满，很难腾出空档。而且这样做也非常不礼貌，不尊重对方。

（2）提前5天沟通海报信息

直播一般提前3天进行预热，发布宣传海报。所以最晚提前5天与嘉宾沟通海报信息，留出1天时间制作海报。

海报上的内容包括：

> 直播主题
> 直播时间
> 嘉宾姓名
> 嘉宾身份标签3个
> 嘉宾形象照

可以直接让嘉宾一次性提供这些内容。

（3）设计海报，双方确认

海报做好后，一定要发给嘉宾看，让嘉宾确认，直至没有任何问题。

（4）准备双方介绍

连麦之前，双方都需要在自己的直播间向观众介绍对方。所以双方都要准备一份自我介绍，提供给对方。介绍的内容包括自己的领域和成绩。

比如素宣的介绍是这样的：

第三章 直播内容

> 视频号官方认证优质主播，直播销售业绩200万元，曾创造平均40人在线观看卖出60万元课程的纪录。
>
> 研发4门百万爆款课程，受邀在华为、平安、百度等500强公司讲课。
>
> 青年作家，3年出版2本书。
>
> 从零开始跨界打造知识IP，3年做到业内小有名气，累计开展60多期线上训练营，服务学员12000多人，口碑极佳。
>
> 私域营销高手，连续3年朋友圈销售超100万元，1场社群营销活动裂变销售35万元。

（5）提前1天沟通连麦细节

直播连麦一般采用问答形式，你提出一个问题，嘉宾以回答的形式分享内容。30分钟分享，一般会有3—5轮问答。

问题和回答都由嘉宾准备，你只充当提问者的角色。当然，若这场连麦双方都要分享，那么你也要给对方准备3—5个问题和答案。

问题要与直播主题相匹配。比如邀请琦琦连麦"新人如何做直播"主题的直播，问题可以是下面这样的：

> 琦琦从小白开始直播，遇到过哪些印象深刻的困难？
>
> 琦琦为什么会看好直播赛道？直播跟线下创业有什么不同？
>
> 从素人到达成1000万GMV，琦琦能分享一下直播创收的秘诀吗？

075

嘉宾分享的时候，你要积极互动，给嘉宾捧好场。嘉宾被抬得越高，他为你背书的能力越强。但不要插太多话，不然会喧宾夺主，反而影响观众倾听和了解嘉宾。

除连麦内容外，还需与嘉宾沟通引流方式。连麦有一个很重要的目的是互相引流对方的粉丝。何时与观众互动，何时引导观众关注对方，也需要提前沟通确定，把握好节奏。

连麦最忌在嘉宾正在分享时，举二维码手牌引导对方粉丝关注自己。这样很不礼貌，会招致对方反感，而且效果也不好。不如将引流时间安排在一方分享暂告一段落时，且由另一方主动招呼自己的粉丝关注对方。

而且想让别人关注你，一定要给足干货和福利，用心准备分享内容，充分展示自己，再给出"关注领福利"的奖励，这样引流效果会更好。

善用连麦直播，能达到事半功倍的效果。使用本节介绍的技巧，新手也能很快做出高质量的连麦直播。

3.3 三条思路，轻松写出一小时直播稿

对有一定直播经验的人来说，有了直播主题，最多再写一下大纲，就可以上镜开讲。但对新手主播来说，只有主题和大纲并不够。几乎所有新手主播直播时都会紧张，这是正常现象。要想消除紧张感，最好的办法就是将直播主题和大纲细化为逐字直播稿，并且多次演练，达到差不多能背诵的程度。

一小时直播，换算成文字稿，大约是六千字。乍看起来量很多。

但只要使用本节提供的三条思路，六千字并不难写出。

这三条思路分别是：化图书内容为分享内容、让故事丰富动人、用互动技巧填充直播时长。

3.3.1 三步将图书内容化为直播分享内容

无论是知识主播还是带货主播，都可以把图书分享作为直播主题。"我最近读了一本书，书里有个方法特别好用，推荐给大家……"是屡试不爽的直播切入点。

分享图书没有门槛，只要读过书就可以分享，而且书的内容都可以作为直播内容，很多新手主播边看书，边直播，边卖书，一场直播讲一章，一本书能撑起十几场直播。这样不仅可以将自己读书得来的收获分享给他人，还能卖出不少书，直接获得收入。

当然，直播时不可能直接照着书念。但只需简单三步，就能将图书内容变成直播分享内容。

（1）给出图书推荐理由

首先，介绍这本书的基本信息，包括书的主题、内容简介、作者介绍，并告诉大家为什么这本书值得分享。

以行动派联合创始人李婉萍的著作《敢行动，梦想才生动》为例。这本书最大的亮点，就是它讲述了一套找到梦想、实现梦想的具体方法，让"梦想成真"这件事从浪漫的偶然变成有法可行的必然。如果要在直播间分享这本书，可以这样引入：

今天我要分享的这本书叫作《敢行动，梦想才生动》，它的作者李婉萍，是我非常喜欢的一位老师。我为什么喜欢婉萍老师呢？因为我关注她很长很长时间，有六七年，我是亲眼看着她，从失业，到创办学习型社群行动派，到把行动派做大，让行动派成为拥有千万粉丝的国内头部知识社群。

婉萍老师能创造这样的人生奇迹，就是因为她始终对自己的人生有信心，认为未来充满希望。她用书写梦想清单的方法，找到了自己的天赋热情和天赋能力，发现自己最适合当讲师，这才走上知识付费的道路。当然这个过程不可能一帆风顺，梦想的实现总是会经历许多坎坷，但是她也一个一个跨过了这些坎坷。

她把自己找到梦想、实现梦想的经历，提炼成一套方法论，写出这本《敢行动，梦想才生动》。这本书不是心灵鸡汤，它是一本工具书、干货书，如果你一一践行书中的方法，就能找到和实现自己的梦想。所以我觉得，这本书非常值得推荐，每个人都应该读一读。

现在我要说一些困扰了很多人的烦恼。你看你有没有？如果有，在评论区扣（回复）个1，好吗？

你有没有觉得，自己经常找不到人生的意义，找不到目标和动力，不知道为什么要奋斗？

你有没有经常制订计划，但是执行了几天就开始懈怠，最终计划不了了之？

你有没有很想努力变好，也听了很多课，看了许多文章，懂得了很多道理，但依然觉得过不好这一生？

第三章 直播内容

> 你有没有经常陷入一些诱惑,浪费了金钱或时间,事后又非常后悔?
>
> 你有没有偶尔觉得很孤独,自己遇到困难、遇到迷茫时,不知道该找谁倾诉,不知道谁能理解自己?
>
> 如果你有这些烦恼,如果你刚才在评论区扣了1,那你一定要好好听我今天的分享,这本书可能会真正帮到你。

(2)阐述知识点

从书中选取一个方法、工具或知识点,用自己的话讲给大家听。

比如《敢行动,梦想才生动》里有一个叫作梦想天赋术的工具,可以这样介绍:

> 当你有多个梦想,又觉得它们相互冲突时,可以使用梦想天赋术这个工具。
>
> 婉萍老师有一年去一所大学开新书签售会,有个学生问她:"我的梦想是开一家花店,但又很想开一家咖啡店,老师你觉得我应该开花店,还是开咖啡店呢?"
>
> 一般我们应对这种问题,解决思路可能是,考察一下你所在的城市有多少花店和咖啡店,它们的市场饱和度分别是多少,利润率分别是多少,运营成本分别是多少,等等,然后再做选择。但是从梦想角度出发,这道题会有更新颖的解法。
>
> 梦想天赋术告诉我们,你所擅长的,加上你所热爱的,就会是独一无二的梦想。婉萍老师对那个学生说:"为什么你

079

> 不做一个花园主题的咖啡店呢？这样既可以做自己热爱的事，又能让你的咖啡店与众不同。如果你很擅长做咖啡，又擅长插花，就可以把插花和咖啡结合起来。"
>
> 这是不是一个特别棒的思路？它跟刚才说的商业调查并不冲突，又给了一个无懈可击的解答。因为梦想本身就充满创意，我们也要用创意而不是理性分析的方式去解决关于梦想的问题。

（3）举例说明

最后，举几个例子来演示这个方法、工具或知识点怎样使用，或者证明这个方法、工具或知识点确实有效。可以直接用书中的例子，也可以举自己或他人的例子。

> 梦想天赋术的要点，就是思考你有哪些梦想，有哪些天赋，再尝试把它们组合起来，看看能碰撞出什么创意。比如说，我喜欢旅行，我的梦想是环游世界。同时我觉得我写作能力和演讲能力都还不错。那么写作、演讲加上旅行会变成什么呢？可以变成直播对不对？我可以当一个旅游博主，一边旅游一边直播，还可以一边旅游一边拍短视频、写公众号。这就是一条很适合我的路。
>
> 再比如我有一个朋友，她喜欢画画，但是她是一名家庭主妇，每天做饭、做家务、辅导孩子功课要花很多时间，几乎没有时间画画。那怎么办呢？动用一下梦想天赋术，做饭和画画

第三章 直播内容

> 能碰撞出什么？可以用食材"画画"，用美食拼出好看的料理图案，对不对？她后来真的这么做了，还发到朋友圈，马上就成为朋友圈小红人，还接到了一家外卖公司的商单，居然靠这个创收了。厉不厉害？

一个知识点加上举例，能讲10—20分钟。一场直播分享3—5个知识点，轻松就能达到一小时。

3.3.2 两招快速写出丰富动人的故事

前面讲到，直播少不了讲故事。怎样让故事丰富动人呢？有两个方法。

（1）多讲细节

故事要打动人，必须让人感觉真实可信。而真实感要靠大量细节才能营造出来。

很多人讲自己的故事时，习惯直接概括总结，给出结论。这是站在自己角度出发，因为自己已经十分了解整个过程的全部细节，所以觉得这些不重要，从中得到的感悟才重要。殊不知，站在观众角度来看，他对整件事并不了解，最好奇的就是过程和细节。如果细节没有打动他，他就可能对最后的结论不感兴趣。

比如琦琦从零开始做直播到最终成为教培领域头部自媒体人的经历，是一个能给人很多思考和启发的好故事。但如果琦琦只是简单告诉你，她因为线下招生难而转型在线上做直播，一开始没什么流量，

爆款直播间

摸索了一年才逐渐摸到门道，最终选择视频号为直播主平台，第一场直播场观就突破5000人，销售额达到250万元——这个故事会激发你什么情绪吗？很可能不会。你可能仅仅会对最后的数字感到有点惊讶。

但如果琦琦告诉你，她当年遇到了多么巨大的困难，因为疫情的影响导致线下无法开课，学员大批退费、流失，公司资金链断裂，不得不大批裁员，几年创业辛苦打拼才获得的一切眼看就要付之东流。幸好几位朋友伸出援手，帮她渡过资金难关，琦琦自己也毅然转战直播行业，全力以赴，背水一战，这才有了现在焕然新生的"行动派"。而这个过程也充满艰难坎坷，琦琦遇到过十一次重大困难，每一次她都是怎样解决的——这样充满细节和转折的人生故事，会牵动你的情绪，让你的情绪随着故事的发展高低起伏，也会将一个真实、强大的创业者形象完整展现在你面前。你会觉得那个场观和销售数字来之不易，实至名归。

怎样增加故事的细节呢？你可以找一个家人或朋友，面对面坐下来，像闲聊那样给他讲你的故事。在聊天过程中，对方会不断追问一些细节，比如"那你当时是怎么想的？""然后呢？他怎么说？"。一来一回，你就会不知不觉把所有细节都说出来。再把聊天记录整理成直播分享稿即可。

其实，直播的最高境界，就是把观众当成朋友聊天。看起来很自然，种草效果又特别好。这样由聊天演变出的直播稿，文字并没有精雕细琢，甚至可能有语病，但故事感染力很强，观众不知不觉就能听很长时间。

琦琦曾在直播间非常详细地分享上面这个直播成长故事，整理出的文字稿有八万多字，足够讲十个半小时。所以，讲满一小时直播并不难，一个故事就够了。

（2）引用他人故事

如果你自己的故事没那么长，讲不到一小时，还可以加上"我朋友""我同事""我同学"的故事，或者书中的、网上的、影视剧中的故事。只要表达的主题相同就可以。

比如讲"普通人怎样通过直播获得收入"，你在讲完自己的直播创收故事之后，还可以再讲几个其他人的直播创收故事，来证明普通人确实能够通过直播获得收入，直播是普通人增加收入的好选择。

3.3.3 三个互动技巧，增加直播时长

互动对于直播至关重要。将不同类型的互动灵活穿插在直播中，一来能够调节直播间气氛，让直播看起来更像聊天；二来也能延长直播时间。一次互动5—15分钟，一小时直播中做三次互动，就能占去一半时间。

（1）福利互动

在直播间发放福利奖品，能活跃直播间氛围，增加用户平均停留时长，提高下单转化率。

常见的福利互动有四种形式：

第一种是秒杀。拿出少量爆款产品，以低于正常价格一半的价格做秒杀活动，就很有吸引力。可以设置整点秒杀，也可以设置一个秒杀条件，比如"本场观看人数达到5000人，就做一次秒杀活动"。

第二种是下单抽奖。设置下单就能抽奖的功能，鼓励观众在直播

间现场下单，减少观众思考犹豫的时间。

第三种是指定文字参与抽奖。在评论区打出指定文字，就可以参与抽奖。这种方法能够在评论区造成刷屏效果，有助于活跃直播间气氛，刺激观众下单。

第四种是关注抽奖。关注主播即可参与抽奖。或者发起多次抽奖活动，关注人数每新增××人就抽奖一次。以此吸引观众关注。

（2）答疑互动

当评论区有人咨询产品问题时，需要及时回答。甚至可以暂时中断当前分享，答疑完后再继续。直播时主播要分出一些精力关注评论区，或者派助理盯住评论区，及时给主播递纸条。

如果直播间观众比较少，没有人提问，也有两个解决办法。

第一个办法是请朋友、铁粉担任直播间氛围组，让他们来热场和提问，甚至给他们提供一些问题范本。直播间有铁粉给主播捧场，是再正常不过的事。无须遮掩，大大方方跟他们打招呼，向观众介绍他们。

第二个办法是自问自答。答疑不一定只答当场的提问，可以以"曾经有客户/学员问我……"为切入点，自己抛出一个客户常问问题，再做回答。你需要提前准备一份"客户常问问题及对应答案清单"，每个产品都应该有一份对应清单，并根据实际情况不断补充。这份清单可以在后续直播中不断复用。

（3）连麦互动

连麦互动不同于前面所讲的以分享、引流为目的的连麦直播。它

第三章 直播内容

更偏向于即兴的形式，类似电台节目中的现场接听观众来电。

连麦互动有两种。

第一种是即兴答疑，现场帮观众解决问题。比如一场主题为"职场中如何向上沟通"的直播，主播可以现场连麦五位观众，让观众说出他遇到的向上沟通问题，当场帮他分析，给出解决方案。

第二种是客户证言。与几位使用过产品的客户连麦，主播现场提问一些产品使用方面的问题，客户回答。比如琦琦在直播间售卖"行动派直播营"课程，就可以当场找几位在直播间里的直播营学员，跟他们连麦，提问以下问题：

> 当初为什么会选择加入"行动派直播营"？
>
> 在"行动派直播营"上完课后，你最大的三个认知收获是什么？
>
> 能分享下你运用课程内容，开始做自己的直播的经历吗？

连麦互动的即兴性质让连麦双方的表达和互动显得更真实，更可信。

看完本章内容，相信你会发现，每天直播一小时，并没有想象中那么难。如果充分运用本章给出的各种方法，即使每天输出两三小时直播内容也不是难事。

不积跬步，无以至千里。每一位优秀的主播都是从新手阶段走过来的。也许一开始你会觉得天天直播有些吃力，但坚持下去，你很快就会熟练自如，越来越自信。

第 四 章

直播产品：

搭好产品矩阵，
迈出创收第一步

直播界有句话，"产品选得好，收入跑不了"。直播间选品对销售转化率有决定性影响。本章将讲解直播间选品策略，以及如果没有自己的产品，主播应该怎么做。

4.1 直播间选品，要配齐"三驾马车"

所谓"三驾马车"，是指直播间产品要包括三种类型——福利品、赢利品、形象品。这三种产品构成一个完整的产品矩阵。就像三角形是最稳定的图形，直播间产品矩阵也是三者缺一不可。

这张表列出了三类产品的区别：

产品类型	价格	利润	销量
福利品	低	低	高
赢利品	中	中	中
形象品	高	高	低

第四章 直播产品

这三类产品分别有什么特点和作用呢？下面逐一介绍。

4.1.1 用福利品留住用户的人

福利品是指以亏本或接近亏本的价格，给直播间观众提供的特价福利型产品。一般带有限时或限量的附加条件。目的是吸引观众抢购，提升直播间活跃度，增加观众停留时长。

福利品的价格要让观众明显感知到确实是"跳楼价"，而且人人都能用上，才能带来抢购热潮。福利品销量高但几乎无利润，甚至要赔钱。直播间拿出福利品，就是给观众发福利。所以要选择本身利润高、有降价空间的产品。

·示例1：9.9元"轻松做直播"5天体验营

琦琦在直播间卖3980元的"行动派直播营"课程时，福利品是9.9元的"轻松做直播"5天体验营。后者导师阵容与前者相同，都是琦琦、素宣、家瑞三位老师授课，还邀请三位直播营学员来分享自己的直播创收经验。5天课程干货满满。

若按导师对外的服务报价，9.9元连请一位导师讲10分钟的费用都不够。即使不算三位老师的课时费，体验营的营销成本、运营成本、人工成本、奖品成本、奖品寄送成本等，也已经超过9.9元/人。

那为什么琦琦还要"赔钱赚吆喝"呢？因为在知识付费领域，客单价超过千元的产品很难直接卖给新客户。

知识产品与实物产品不同，很难让客户一下子感知到它的价值。实物产品可以在直播间看到，收货后可以马上试用，客户对大部分实物产品也有一定的生活常识。一件实物产品买得划不划算，客户很容

爆款直播间

易判断。

但知识产品要产生效果，必须经过漫长的学习和实践。如果客户对老师非常了解，或者曾经跟老师学习过，有信任基础，购买意愿会高一些。否则，光凭主播的描述，客户难以判断学习效果，很难一下子付出这么高的试错成本。

所以，知识付费界普遍的做法是，先开设一门超低价的短期体验课，价格一般为1元、9.9元或19.9元，体验期一般为3天、5天、7天或14天。客户购买后，添加运营官微信，运营官会把客户拉进课程群。这样客户就进入了老师的私域。

客户在体验课上，可以近距离感受老师的授课风格、专业水平和团队服务质量。老师边上课，边渗透营销内容，体验课最后几天密集营销高价课程。一部分客户通过体验课，逐渐认可老师，愿意付费为更高价格的课程买单；另一部分客户则沉淀在私域中，要通过漫长的社群营销和朋友圈营销，慢慢转化为高价课学员。

以某一期"轻松做直播"5天体验营转化数据为例。该期报名人数为557人，截止到体验营结束后1天，付费购买"行动派直播营"的人数为40人，转化率7.2%。而直接在直播间销售"行动派直播营"，新客转化率仅为前者的1/20。

在知识产品售卖中，福利品同时承担了私域引流和提升高价产品转化率两种功能。

· 示例2：9.9元防晒喷雾

琦琦夏天做的"美妆带货节"专场直播中，产品价格大多在200—500元区间，唯独将一款原价199元的防晒喷雾，设置成特价9.9

第四章 直播产品

元的福利品。

一开播,琦琦就拿出了这款福利品,调动观众的热情。"宝宝们,想要这款惊喜福利的,在评论区回复'想要',让我看看有多少宝宝想要。"

防晒喷雾男女老少都能用,而且正适合夏天使用。价格又如此让人惊喜,观众们的购买热情一下子就被点燃,评论区滚动快到几乎看不清字。这一波上架150件防晒喷雾,几秒钟就被一抢而空。

见很多观众没抢到,在评论区要求再上一些,琦琦顺势预告,后面还会有整点秒杀。很多想抢购的观众就一直在直播间蹲守。

在这个案例中,福利品出现在开播时刻,并分批穿插在直播中。有效提升开播人气,增加观众停留时长。各大平台的头部带货主播都经常使用这一招,比如1元秒杀原价299元的面膜,限量100单;1元秒杀原价599元的行李箱,限量10单;等等。

带货直播间的福利品最常见的定价也是1元、9.9元和19.9元三档。在介绍产品时,主播要强调产品价值远超定价。比如使用这样的话术:

> "宝宝们,我们刚开播,今天我们准备了超强大的福利给大家。大家在某东上购买这个行李箱要599元,今天我们直播间作为给粉丝们的福利,只要1元就能抢!大家千万不要走开,我们在后面会有福利活动!想要的宝宝一定要留在我们直播间哟!"

除了开播和整点秒杀,福利品也可以"突然"出现在直播间。当

爆款直播间

主播发现在线人数或下单量持续走低时，可以拿出福利品作为惊喜福利，刺激数据回升。比如使用这样的话术：

> "宝宝们，我们现在来一波福利，好不好？这款原价299元的面膜，现在1元秒杀，但是只有关注主播的小伙伴才能抢。而且就20份哟。还没关注我的，现在赶紧关注一下，我来数321，上架给大家福利，准备好的宝宝在评论区回复一下666。"

在实物产品售卖中，用福利品维持直播间人气，带动其他产品的销量，是屡试不爽的好方法。

4.1.2 用赢利品赚到用户的钱

赢利品也称主推品。顾名思义，它是直播间主要售卖的产品。赢利品利润可观，销量也不错，是直播间销售额的"扛把子"，也是利润来源的大头。

赢利品的卖点要鲜明、精简、辨识度高，客户一下子就能把它与其他产品区分开来。选择赢利品时，一个品类最好只选一款产品，并围绕它精心设计销讲话术，塑造使用场景，努力把这一款产品卖成爆款。

知识主播和带货主播的赢利品上架策略有所不同。

（1）知识主播的赢利品策略：单点打爆

能够成为赢利品的知识产品，价格一般在199—4999元。对客户来说，这个价格区间并不适合轻易下单试错。而知识产品的特点又决定它无法靠三言两语的卖点介绍就打动客户。

因此，知识主播的最佳策略是，一场直播只上架一个赢利品，直播主题也与赢利品相关，分享一个用赢利品改变自身的励志故事，或者拿出赢利品课程中的若干知识点，作为干货分享。

比如琦琦有一场直播主推的赢利品是3980元"行动派直播营"，当期分享主题是"新手如何做直播内容"，选取了课程中的一些干货知识。这场直播卖出90份课程，销售额约35.8万元。

再比如琦琦另一场直播，主推的赢利品是199元"美好关系陪伴营"，当期分享主题是"收获高品质美好关系"，琦琦讲述了自己如何找到完美老公的故事。这场直播卖出376份课程，销售额约7.5万元。

对知识主播来说，一场直播的主题至关重要。一个聚焦且有吸引力的主题，能将精准意向客户吸引到直播间里，这场直播就成功了一半。

（2）带货主播的赢利品策略：多点突破

一场带货直播，肯定会有多个赢利品。但要注意的是，每个品类只上架一个赢利品，以免客户混淆，反而难以抉择。

比如琦琦"美妆带货节"专场直播，一共售卖11款产品，分别是防晒喷雾、美白霜、眼霜、面霜、精华液、冻干粉、磨砂膏、身体乳、美白水、遮瑕膏，还有一款盲盒产品，每个品类只有一个单品。

再比如琦琦珍珠带货专场直播，品牌商提供了2000多个SKU（库存量单位，在电商活动中指单品），但琦琦只从中挑选了40款最匹配她的客群的产品。琦琦的客群以30—50岁的女性白领和女性创业者为主，购买珍珠，一是自己佩戴，二是送给家人、客户或朋友。出于这两个购买目的，直播选品都需要款式经典、质量上乘，拿得出手。

琦琦最终选定的40款产品中，价格从几十元到上万元都有，珍珠种类包括珈白丽（白色）、澳白（亮白色）、爱迪生（紫色）、南洋金珠（金色）、真多麻（蓝灰色）、大溪地（黑色）等，款式包括项链、手链、戒指、耳钉，使用场景涵盖自用休闲、自用通勤、送妈妈婆婆、送客户、送闺密等。选品虽少但精。

最后这两场直播果然款款都"卖爆"，好几款产品还要补库存。

卖赢利品就是为了冲业绩、赚利润，销讲话术非常重要。如何引起客户兴趣？如何生动描述产品使用效果？如何让客户心动不已，当下非买不可？这些将在第五章具体讲解。

4.1.3 用形象品赢得用户的心

形象品是直播间的"门面担当"。其特点是客户需求度和接受度都比较高，但价格昂贵，因此最终购买的只是少数人。形象品利润率很高，但销量低，并不是直播间主要利润来源。

比如琦琦直播间，主推3980元的"行动派直播营"，但商品列表里还会挂着45 000元为期3个月"琦琦个人品牌私教课"，后者就是形象品。

琦琦在直播间几乎不营销私教课，除非有观众询问，或者话题正好带到了，才会简单介绍一下。那为什么还要放在商品列表里呢？

这其实是运用营销学里的"价格锚定"效应。用一个价格更高的对比物作为"价格锚点"，衬托出真正想售卖的产品更便宜。形象品就是那个锚点。3980元的课程定价并不低，但跟45 000元的课程一对

第四章　直播产品

比，就显得很便宜。

一般来讲，知识主播的直播间都会上架一款形象品。以凸显老师实力过硬，能提供高端知识服务。这样，客户在购买低价课程时，才会有种赚到的感觉。

但带货主播的直播间是否要有形象品，则视情况而定。如果主打"高端精品"，如珠宝、高端女装、高端美妆等，是需要形象品的。如果主打"平价好货"，如零食、平价女装、家居用品等，高价形象品反而会吓退目标客户。但这类直播间中，往往会有几款精品产品，价格却跟普通产品一样，显得特别物美价廉。比如零食直播间里的小龙虾，平价女装直播间里的大衣、羽绒服，家居用品直播间里的床品三件套。它们其实也起到形象品的作用。

用下面这个表格，来规划你的直播间产品矩阵吧。

直播间产品矩阵规划表

产品矩阵	产品名称	产品价格	所属品类
福利品			
赢利品			
形象品			

4.2 没有产品怎么办？这些产品人人都能卖

刚起步的新手主播，没有自己的产品怎么办呢？有两种解决思路，一种是"找货源"，一种是"自研发"。前者适合知识和带货主播，后者只适合知识主播。本节将介绍三种"找货源"的方法。

4.2.1 从视频号带货中心选择产品

视频号官方有带货中心，专门为没有自己产品的主播提供海量供应链。带货中心的产品品类非常丰富，带货操作也很简单，挑选好心仪产品，一键将它上架到自己的商品列表里即可。客户下单后，发货和售后都由商家负责。客户确认收货后，你就可以获得佣金。

新手应该如何挑选产品呢？应把握以下四项原则。

（1）选择便宜实惠的通用产品

直播间热卖的产品大多都是这一类。所谓通用产品，就是人人都能用得上的产品，比如零食、日化快消品、床品等。这些产品价格大多在几元到几十元之间。直播间通常售卖组合装，量多更实惠。

客户不一定有刚需，但如果主播营销得力，引起客户兴趣，客户也不介意花一点钱尝试一下。买了能用上就不吃亏，如果性价比很高就是赚到。

（2）根据直播间用户画像选择产品

视频号后台可以看到用户画像数据，如年龄分布、性别分布、地域分布等。选择产品时要考虑用户属性。

第四章　直播产品

比如同样是售卖女装，若直播间30—40岁的观众占多数，选品要倾向休闲、通勤场景，款式要经典百搭；若直播间以20—30岁的年轻人为主，选品就可以向潮流时尚靠拢。

再比如售卖零食，假如直播间观众大多来自两广地区，就可以适当选一些当地的特产食品。一方面可能更符合观众口味，另一方面发货地更近，快递价格、物流速度、食品保鲜等方面的客户满意度可能会更高。

（3）根据自己的定位选择产品

选品也要考虑自己未来的定位规划。如果做知识主播，要做哪个领域？如果做带货主播，是主打低价和性价比，还是营造文艺格调，还是走精致路线？从一开始就选择与定位相符的产品。

（4）选择当下热卖产品

选择当下热卖的产品，更容易卖出高销量。其中包括应季产品，如当季常吃的水果、零食；也包括因一些热点新闻或话题而走红的产品，比如因爱国情怀引发的国潮产品、因某电视剧热播而大卖的传统糕点等。

4.2.2　读书+输出+卖书，一鱼三吃

对新手主播来说，卖书是门槛最低的营销起步方式。本书第三章讲了如何三步将图书内容变成分享稿。靠这一招，新手小白也能找到源源不断的直播内容。

一开始可以做纯分享直播，只练习怎样讲好一场直播。之后再增

加营销内容。比如分享完后带一句："喜欢这本书的朋友可以买一下哟，在购物车里就可以下单。"再逐渐植入整套销讲话术。一场卖书直播的分享感远大于营销感，即使没卖出去也不尴尬，若卖出去就是惊喜。

通过卖书，新手有充分空间让自己慢慢适应和掌握直播销讲的技巧和节奏。这是其他产品难以做到的。要卖其他产品，一上来就需要一整套销讲话术，没有销售经验的新人难免紧张，发挥不好。几场直播下来卖不出去，自信心就会受挫。

而卖书则不同。如果你分享的干货足够精彩，故事足够动人，即便没有销讲部分，可能也会有客户对图书产生兴趣下单。这是一种正反馈，能让你快速建立对直播的信心。

对新手主播来讲，卖书的收入只是次要收获。新手主播能获得的收获主要有三点：第一，通过讲书倒逼自己深入理解书中知识点，提升阅读力和表达力，让自己变得更专业；第二，让观众明确你的领域定位，有利于打造个人IP形象；第三，精准引流，能留在你直播间听到最后的人，多半是目标客户，后续成交其他产品比较容易。

读书、输出内容、卖书，三者都是对新手主播大有裨益的训练。能够三合一，堪称是新手修炼进阶的不二法门。

4.2.3　与靠谱老师合作，分销课程

如果想做知识主播，但研发自己的知识产品耗时较长，有一个折中的办法——找一位靠谱的老师，分销他的知识产品，赚取佣金。

一般来讲，知识主播还没有自己的产品，是因为在所在领域的积累还不够，自身还需要充电学习。既然这样，不如让学习过程利益最

大化，一边跟老师学习，一边帮老师卖课程。直接学以致用。

你跟随学习的老师，你一定比较了解他。你自己的学习成长故事，又是卖课时最有说服力的素材。这都会帮你减轻卖课的难度。若成功卖出课程，帮老师带来新生源，还能加深你与老师的联系。

不建议找那些你没有上过他的课的老师合作。知识产品的效果很难在短时间内判断，有一定风险。而且没有真实学习经历，也很难讲述得打动人心。

不过，分销课程只是权宜之计。"打铁还需自身硬"，若想在知识主播的道路上走得长远，必须有自己的知识产品。让很多人意想不到的是，你的人生经历，正是"孕育"具有你个人特色的知识产品的源泉。

4.3 从过往经验中，萃取最值钱的知识产品

近几年受外部大环境影响，许多人想在守住主业的同时，以轻创业或副业形式增加一份收入。可是，自己并没有一技之长，怎么办？要现在开始学吗？学什么合适呢？

素宣会建议你，先不要急着搜罗那些热门的副业变现技能。挖掘一下自身人生经历，往往会发现，你已经身怀"绝技"而不自知。

4.3.1 自我优势五问法，找到个人长板

本书第三章讲到用"自我故事五问法"找到适合在直播间讲述的人生故事。把这套方法略作改进，变成"自我优势五问法"，就能用于研发自己的知识产品。

爆款直播间

"自我优势五问法"的五个问题分别是：

> 你曾倾注过热情或心血，并有过成就感的事有哪些？
> 你坚持过半年以上的事有哪些？
> 你做出过成绩的事有哪些？
> 你被人夸奖过的事有哪些？
> 曾经是你弱点，后来被你克服掉的事有哪些？

回答这五个问题时，要遵循三项原则。第一，回溯从上学开始的所有人生经历；第二，只要符合"五问"之一即可，无论多么微小；第三，有些事可能同时符合多个问题，要重点关注它们，可能就有你的最长板。

通过这五个问题，每个人都能找到许多个人长板。有的人觉得不好回答，是因为思路没有打开。下面提供一些回答"五问"的思路。

（1）你曾倾注过热情或心血，并有过成就感的事有哪些？

每个人都曾心血来潮做过一些事。比如突然想好好存钱理财，开始记账；突然想学习一项技能或培养一个爱好，报了一门课；来一次说走就走的旅行，查了很多资料做详细攻略；攒钱买一件非常喜欢的东西；买了一堆书，每天读一点；羡慕别人的好身材，开始减肥；为了孩子或家人，决定改掉一个坏习惯或培养一个好习惯……

这些事你未必都能坚持下来，也未必都有成果。但总有那么几件事，你真的取得了一些成绩，内心有过小小的雀跃。把这些事记录下来。

第四章 直播产品

（2）你坚持过半年以上的事有哪些？

坚持分几种情况：有的因热爱而坚持，有的因被迫而坚持，有的在不知不觉中养成了习惯而坚持。无论哪种情况，只要坚持做过半年以上，你一定会做得比较熟练，并总结出一些做事心得。

最常见的，大多数人都上过多年学，上过多年班。上学和上班可能与热爱无关，但你确实一直坚持做了很久。那么，你就不可能一无所成。

举个例子，有人上学时成绩平平，但相对而言，背英语单词对他来说是最轻松的学习任务，总能背得又快又好；还有人可能偏科严重，英语尤其差，但作文写得还不错，入选过几次范文。那么这就是在"上学"这件事中值得关注的部分。

再举个例子，你在现在的岗位上工作了三年，可能觉得自己并没做出什么突出的业绩。但如果让你培训一个新人，教他做你现在的工作，你肯定也能讲得头头是道。

可见，就算你对一件事并没有好感，做久了也有经验可挖。

（3）你做出过成绩的事有哪些？

"做出成绩"可以是赚到过钱（无论多少）、获过奖（无论大小）、在某个排行榜上名次靠前（无论什么榜）、获得荣誉称号、得到官方推荐等。

如果你确实想不到，还有一个快捷的方法——现在报一门短期训练营，按照课程要求认真学完。通常一门为期30天的训练营，大约只有20%的学员能完全按照要求，学完所有课时，做完所有作业，坚持到结营。只要你能做到，基本就能成为当期优秀学员，说不定还能得到老师的关注和表扬。

其实并不是这件事本身有多难。只是大部分人报课时并没有下定"排除万难也要学好"的决心，经常被其他事情干扰。你只要在这一个月内，把学习课程当作头等大事认真对待，完成课业就不难。

（4）你被人夸奖过的事有哪些？

夸奖可以来自任何人，老师、同学、同事、家人、朋友、陌生人，甚至网友。

夸奖可能是一些细微小事，比如上班被同事随口夸一句"你今天穿得真好看"。但如果同一件事被夸奖超过三次，就值得关注。比如你经常被同事夸穿搭，是不是说明你在服装搭配方面确有出色之处呢？

（5）曾经是你弱点，后来被你克服掉的事有哪些？

很多人对"克服弱点"有误解，认为如果不将弱点彻底解决，永不再犯，就不算克服它。其实在寻找个人长板时，大可将要求放低一些。因为你要关注的重点是克服弱点的过程，只要克服过，其中就有可取经验。

比如很多人尝试过减肥，大部分人减下来后又反弹回去，减肥失败。细究失败原因，也许是没管住嘴馋，大吃了一顿。但这能证明当时减肥的方法错误吗？不能。减肥成功和减肥失败是两件事，不应混为一谈。你要汲取的是减肥成功的经验。

还有一种情况是，弱点并没有消失，但你与它和解了。比如素宣就曾有过容貌焦虑，她小时候经常被人嘲笑脸形不好看，一直用厚厚的刘海挡住额头。直到大学时有一次带领舞团演出，她大胆地将刘海全部梳到脑后，想看看观众的反应，而观众惊艳于她的舞姿，欢呼阵阵,根本没人注意她的脸形。她才终于释然,接纳自己的不完美。这种情况也可以视为克服弱点。

看完以上分析,你是否感觉思路开阔了一些,回答起来更顺畅了?拿起笔,认真写下"五问"的答案吧。

自我优势五问法	
你曾倾注过热情或心血,并有过成就感的事有哪些?	
你坚持过半年以上的事有哪些?	
你做出过成绩的事有哪些?	
你被人夸奖过的事有哪些?	
曾经是你弱点,后来被你克服掉的事有哪些?	

五问之后,再做三步动作。

第一步,合并同类项。

把相似事件合并起来。比如你中学时作文成绩好,经常被老师表扬;大学时写了本小说发在网上,赚到一些钱;工作后经常给领导写发言稿。这三件事都可以归为会写作。

第二步,找到方法论。

反复追问自己"我到底是怎么做到的",挖掘出成功背后的方法。你可能会发现，有时做不同的事，背后的方法论却很相似。通用性越强的方法论，越适合开发成知识产品。

比如素宣的讲师之路是从超级笔记起步的，而超级笔记的方法论就来自她上学和工作后的记笔记习惯。

当时素宣决定要转型做讲师，但还没想好开什么课。于是报名了很多课程，把自己觉得需要的技能统统学一遍。素宣有边学习边做笔记的习惯，每次上完课后，她会把笔记分享到学习群里。没想到，这一无心之举为她引来不少粉丝，很多人想跟她学习如何做笔记。在大家的鼓励下，素宣研发出课程——超级笔记术，这门课程后来成为她的拳头产品。

研发课程的时候，素宣就在思考她自己到底是如何做笔记的。她曾从大学挂科的学渣逆袭成17门课A+的学霸，靠的就是边学习边做笔记。工作后，她靠写工作日记让领导为她减去40%工作量，还得到领导的表扬。这是两个完全不同的场景，但背后是同一套做笔记的方法。

第三步，找到思维模式。

方法论的背后是思维模式。你会按怎样的逻辑思考，就会用怎样的方法行动。方法论+思维模式，才能构成一个知识产品的雏形。

你可能会发现，有时不同的方法论背后，是同一种思维模式。甚至你做所有的事，都是按同一种思维模式在行动。

比如素宣的拳头产品除了"超级笔记术"，还有一门"项目统筹力"。后者来自她工作中带项目的经验总结。做笔记和项目统筹是两套不同的方法论，背后却有相同的三种思维模式。

第一种叫作"可视化思维"。将大脑中思考、记忆的事情落到纸面上，形成可视化文档。这样能释放大脑"内存空间"，对照文档行动也不容易出错。笔记是将完整的学习内容和学习思考可视化。项目统筹则是将项目执行方案可视化。

第二种叫作"结构化思考"。按照一定的逻辑顺序，将一整个任务拆解成多个子任务，再将子任务拆解成更小的任务，直至拆无可拆，再逐个完成每个小任务。做笔记要按照一定的结构，并形成有结构的目录。项目统筹就是按照上面的步骤来拆解项目。

第三种叫作"清单思维"。将待办事项列成清单，做完就打钩。打钩这个行为，本质上是将一件事从大脑中"画掉"，释放大脑空间。用笔记做日程管理时要列日程清单。用"项目跟进表"跟进每个项目小任务进度时要列出任务清单。

当你把方法论和思维模式都梳理出来后，就具备教授别人的资格了。你不但有实践经验，还会教方法，还会给学员解释背后的思维原理。这一套组合拳下来，就能把知识讲得非常透彻。

4.3.2 从线上咨询开始，积累问题库

有了内容基础后，如何规划课程目录呢？素宣有一个独创的"百问百答法"，能让新手迅速写出成熟的课程目录。

"百问百答法"就是收集100个学员问题，并给出详细的解答。要详细到能手把手地将学员教会的程度。

但是新手一开始并没有学员，又该怎样收集呢？很简单，可以先免费教。比如在朋友圈宣布提供免费线上咨询服务，大家在这个领域有任何问题，都可以找你免费解答。再比如在朋友圈发布招生启事，

爆款直播间

招少数一对一私教学员，或开设10人以内的小班课程。学员免费学，或者收费但你承诺不满意包退全款，打消学员后顾之忧。你的目的不是赚钱，而是收集学员的真实反馈。

素宣开办第一期"超级笔记术"时，这个知识产品还不完善。素宣一边征集学员问题，一边答疑授课。她发现学员会提出一些她根本没有想到的问题，比如"怎么下载印象笔记""怎样在印象笔记里插入表格""怎样开通石墨笔记协作功能"等。这些问题非常浅显，但确实是新手小白绕不过去的绊脚石。靠自己拍脑门想，可能永远想不到学员还会遇到这些问题。

"行动派直播营"的课程目录就是直接从"百问百答"演变而来的，每节课都致力于解决一个学员经常遇到的问题。比如以下是直播营前六节课及其对应的学员问题。

"行动派直播营"课程目录和对应学员问题	
课程目录	学员问题
1.【抓住红利】直播间，三年内离普通人最近的红利窗口	学直播能赚钱吗？
2.【直播心态】两招教你克服镜头焦虑，塑造自信主播范	我想做直播，但很害怕上镜怎么办？
3.【内容主题】三个找内容小妙招，帮你解决内容焦虑	怎样解决长期直播的内容输出？
4.【直播流量】消解流量焦虑，要把流量当成人	直播间没人看怎么办？
5.【播前预热】预热环节花心思，直播数据大不同	怎样提升直播间在线人数？
6.【互动话术】巧用直播话术，打造超人气直播间	怎样拉动直播间氛围？

第四章　直播产品

可以看出，每节课的标题就是对学员问题的凝练回答。换句话说，当你收集好学员问题时，也就能大致写出对应的课程标题了。

收集学员问题还能帮助你迭代优化课程。收集齐100个问题并不容易。假如一开始只收集到20个问题，不妨就先以这20个问题为基础研发出第一版课程，后续一边收集新问题，一边迭代课程。先完成，再完美。

"行动派直播营"服务期一年，采取周更的课程更新机制。但实际上每周更新的课程并不完全与规划一致，因为学员们会不停提出亟待解决的新问题。

比如很多人问布置直播间需要哪些硬件，琦琦就更新了一节相关课程——"一张设备清单，小白也能打造光彩动人直播间"；很多人每天直播嗓子难受，琦琦就请一位科学发声导师来讲"连播12小时，嗓子不累声音好听的秘密"；一些学员为了带货，需要注册公司，琦琦就请资深财务教大家"主播如何让税务合规"；等等。

按照下面的模板，开始梳理你的"百问百答"吧。

×××××（知识产品名称）百问百答		
学员问题	答案概要	课程标题

4.3.3 三步顺利写出课稿，做出完整知识产品

有了课程目录，怎样写出一篇篇具体的课稿呢？三个步骤轻松搞定。

（1）用场景化问题做开头

课稿开头要起到两个作用：一是开宗明义，让学员了解这节课要讲什么内容；二是吸引学员的注意力，让学员迅速进入课程情境中。场景化问题能同时满足这两个要求。

前面讲到，课程内容是从对学员问题的回答延展出来的。场景化问题，就是把这个问题用一个具体场景展示出来。

比如"【互动话术】巧用直播话术，打造超人气直播间"这节课，婉萍老师主讲，她先描述了一个具体场景：

> 直播内容好比一颗又一颗的珍珠，而直播的衔接话术就像是串连着珍珠的那根线。如果这根线没有拉起来，新人主播就会常常陷入词穷的尴尬。开播本就容易紧张，突然来了很多人，心里又很慌张，如果没有提前做好直播衔接话术的练习，要不就是不知所云，要不就是不知所措。

接着分享了一个自己曾经冷场的尴尬时刻：

> 和大家分享一个婉萍老师的尴尬时刻。
> 有一场直播，我讲的是关于实现梦想的宇宙法则，因为是法

则，所以它的内容是一个模块一个模块的。那个时候我也是个直播的新手，讲完宇宙的第一法则是振动，准备要讲第二法则的时候，我突然不知道自己应该怎么衔接，就在直播间愣了一会儿。

这时评论区就有很多伙伴在留言："咦，是我卡住了吗？还是婉萍老师卡住了呢？"这还不是最尴尬的，关键是我发现我讲着讲着，直播间没有人跟我互动了，瞬间气氛降到冰点。我只好尴尬地问了一句："还有人在吗？哟，大家都在呀，哎呀，糟糕，我刚刚讲到哪里了？"

这就像大家一起在舞池里跳舞，结果只有我自己一个人跳得起劲，其他人都在发呆！这种没有用户参与感的直播，没有氛围的直播，最后很难引起用户的共鸣而实现由流量到成交额的转化。

这样的场景化描述，让学员身临其境，深刻体会到问题带来的困扰。这时顺势接一句类似下面这样的过渡，学员就会把注意力聚焦到接下来的正课部分：

所以，用好不同阶段的直播话术，就是帮助我们打造一个有氛围感的直播间。接下来就让我们更细节地来学习吧！

（2）给出三个带案例的解决方案

这是课程文稿的"重头戏"部分。怎样梳理讲述逻辑呢？

爆款直播间

上面例子中"互动话术"这节课，解决方案的逻辑很清晰。常用直播话术分为开播话术、暖场话术、转场话术和下播话术四种，只需分别阐述这四种即可。

但如果解决方案并没有清晰的分类或逻辑怎么办？建议你用"凑三法"，凑出三个解决方案。可以是三种解决方案，也可以是一种解决方案的三个步骤。解决方案可能不止三个，但你先把"凑到三个"设为目标，往往就真能很快想出三个。整体框架也就搭出来了。

比如"【内容主题】三个找内容小妙招，帮你解决内容焦虑"这节课，素宣就给了三种找直播内容的方法：

> 故事思维｜以生活为选题，以个人故事为素材
> 兴趣引擎｜搜索感兴趣题材，批量生产直播主题
> 对标榜样｜学会对标，学习模仿同类直播间

选定三个解决方案后，还要有具体案例，帮助学员理解知识点，以及演示如何使用方法。

比如上面这个例子中，第一小节"故事思维"，素宣用自己举例，她如何从自己的生活经历中提取出十几个精彩的人生故事。第二小节"兴趣引擎"，素宣以"寻找时间管理领域的话题"为例，分别演示了从书中和网上寻找话题的过程。第三小节"对标榜样"，素宣拿琦琦的故事当案例，讲琦琦是怎样从两位带货主播身上学习直播技巧。

案例多多益善。举多个案例，可以从各个角度展示，帮助学员加深理解。不过课程文稿也不宜太长，能录30—40分钟的语音就刚刚

好，既有干货满满的感觉，又不超过学员一次学习的承受力。对应的课程文稿字数是4000—6000字。

（3）加入互动和作业

课堂不是老师的独白，而是师生双方的对话。有经验的老师都会在课堂上与学员频繁互动，拉回走神学员的注意力，也激发学员的思考。

一堂30—40分钟的课，要有3—6次互动，每5—10分钟互动一次。

互动可以是小调查，问学员是否有某种情况，为接下来的讲课做铺垫；也可以是思考题，提出一个跟内容相关的问题，让学员思考；还可以是小练习，让学员马上用刚才讲的方法实践一下。

课程最后，还要加一个作业，让学员去完成。

这样，一篇完整的课程文稿就写好了。

按照下面的模板，梳理你的课程文稿内容吧。

××××× （知识产品名称）课程文稿内容梳理表

第_____节：（标题）

模块	细项	内容
开头	场景化问题	
解决方案1	方法名称	
	方法概述	
	案例	案例1、案例2……
	互动设置	

续表

模块	细项	内容
解决方案2	方法名称	
	方法概述	
	案例	案例1、案例2……
	互动设置	
解决方案3	方法名称	
	方法概述	
	案例	案例1、案例2……
	互动设置	
课后作业	课后作业	

本章介绍了直播间选品的"三驾马车"原则——福利品、赢利品和形象品,以及没有自己产品的几种解决方法。使用这些方法,人人都能找到适合自己的靠谱产品。

那么,有了产品之后,怎样通过销售获得收入呢?下一章马上揭晓。

第 五 章

直播销售：

巧用直播技巧，

轻松卖出爆款

经过前面一系列直播的准备和铺垫，这一章我们就来到了直播销售环节。

一提到销售两个字，很多人不是心存偏见就是害怕，可能会说我不喜欢做销售，我不想要做销售，或者我不适合做直播，等等。但实际上呢，人人都适合做销售，尤其是过了30岁的人。如果你不会销售，你就很难拿到更高的收入的。不论你是在职场上，还是在自主创业，你都要会销售，比如要会把产品销售出去，把自己销售出去，把你的品牌、你的公司，甚至你的老板销售出去。

直播本质上也是销售，你的所有直播要么是销售你这个人，要么是销售你带的产品。所以，根本就没有人不适合做销售，因为人人都需要销售。

那销售里面最难的一点是什么，就是保持好的心态。那些说不喜欢做销售、不想要做销售的人本质上不是我不想，也不是我不要，而是我不敢。大家心里面对销售这件事是有一种忐忑和恐惧在的，一旦我们敢于面对心里的忐忑和恐惧，销售也就变得不再那么难了。

第五章 直播销售

在生活中，我们除了不敢销售，我们其实还有很多不敢做的事，比如不敢跟老板提加薪、不敢追求所爱、不敢追寻梦想等等。在这里，送给你一句话，这句话未来一定会对你有所帮助，这句话就是"越面对越有力量"。

因为我们越是不敢面对，压力就会越大，越不敢越停滞不前，越不敢越无解。当你不敢的时候，你会发现事情永远都没有办法解决。所以最重要的是你敢，敢于面对，敢于尝试，当你说出"我试一下"，力量也会随之而来。

我们每个人的力量可能分为两个50%，后面的一个50%是行动、是总结、是坚持，只有去行动、去总结、去坚持，我们才能产生源源不断的力量。那么，前面的一个50%是什么，就是敢于面对了。比如你不敢做直播，此时你克服恐惧的第一步不是真的去开播，而是你要先告诉自己，我要面对一下这个时代，面对一下新的变化。一旦你心里面觉得要去面对的时候，就已经成功50%了，你敢就已经成功了，其他的50%就是后面的事情了。

直播销售也是一样的，就是你敢去面对，你敢说一句"我试一下"。当你跨出这一步，就已经成功了一半，接下来需要的就是学习和销售成交相关的方法。

在直播间里，销售成交的方法非常多，其中有一个真正能够达成成交的核心方法，叫作"种种子"。一个好的主播有好的销售业绩，绝对不仅仅是因为这个人的销售技能高超，这背后其实有很多我们所看不到的力量在运作。我们很多人都知道冰山模型，而对一个主播来说，海平面上的冰山是技能，是方法，海平面下的部分是什么，是"种子"，是你是否足够慷慨。你给予他人的越多，宇宙回馈给你的就越多。比如当你在直播间做优质分享的时候,你的每一场直播就是在帮助更多的人走正心正念;当你去做公益做慈善,甚至带动直播间的观众也去为社会贡献一点力量的时候,你也是在种下非常多的好"种子"。

在过去很多年里,我们始终如一坚持做公益,资助贫困学生、参与土壤保护项目、驰援受灾地区等,也正因为背后积累的这些好"种子",让我们在去年短短一年的时间里,在视频号直播里突围而出,成为知识付费领域和带货领域双千万级别的直播间。

如果没有背后的这些好"种子",我们也不会有今天的好成绩。每一个真正成交量高的主播,他的成交额绝不仅仅是靠技能和方法在直播间里吆喝得来的,而是靠每个人平时积累的好"种子",等到时机成熟,"种子"发芽,才有了我们所看到的成交额。

当然,也并不是说光靠"种种子"就可以成交了,销售的话术技巧我们也都必须掌握,接下来,我们就来详细介绍下直播销售的话术和技巧。

5.1 分阶段设计话术,打造超人气直播间

一场直播内容犹如一条珍珠项链,销讲话术是一颗颗珍珠,而开场、暖场、转场、下播等衔接话术则是串起珍珠的那条线。新人主播往往特别重视打磨珍珠,却忘了也要同时准备好串起珍珠的线。新人主播本就容易紧张,如果没有提前演练衔接话术,就可能突然陷入词穷的尴尬。

衔接话术不仅仅是直播的润滑剂,它还能提醒主播随时关注观众

反馈，根据观看人数变化和评论区留言情况，随时调整演讲内容。没有衔接话术的直播，非常容易陷入自我陶醉，就像在舞池里跳舞，领舞者自娱自乐，其他人的情绪却没有被充分调动起来，缺少参与感。这显然会影响成交转化效果。

所以，用好不同阶段的衔接话术，才能打造一个有氛围感、高销售力的直播间。

5.1.1 开场话术：用情感联结和价值塑造留住粉丝

家里来了客人，主人肯定要先寒暄几句表示欢迎。直播也是一样，要用开场话术帮助刚来的观众快速适应直播间氛围，让观众感受到自己受主播的欢迎和关注。

开场话术分为三部分：开场欢迎、热场、自我介绍。

（1）开场欢迎

开场欢迎有两种。第一种叫情感联结，适用于直播间老粉丝。其格式为"欢迎语+引导留言+点名互动"。

> ·范例
>
> 大家好，欢迎来到素宣的直播间，很高兴又见到你们！已经进来的伙伴可以留言"早上好"，我们互相打个招呼。
>
> 哇，我看到小武来了，欢迎你哟！

爆款直播间

> **·话术模板**
>
> 　　大家好，欢迎来到_____的直播间，很高兴又见到你们！已经进来的伙伴可以在评论区留言"_____"，我们互相打个招呼。
>
> 　　哇，我看到_____来了，欢迎你哟！

　　第二种叫价值塑造，适用于第一次来直播间的新观众。新观众可能是随意逛进来的，既不了解主播，也不了解本场直播的具体内容，所以要简明扼要地抛出价值点，在短短几秒内激起新观众的兴趣，让他们愿意留下来。其格式为"欢迎语+直播简介+直播价值点+期待"。

> **·范例**
>
> 　　大家好，欢迎来到琦琦的直播间。
>
> 　　今天我的直播主题是"新手如何准备吸引人的直播内容"，我会从三个方面分享怎么准备直播内容，让你再也不用头疼直播应该讲什么啦。
>
> 　　这个分享很有价值，整场直播可是价值999元哟，所以希望大家能听完全场。

> **·话术模板**
>
> 大家好，欢迎来到_____的直播间。
>
> 今天我的直播主题是"_____"，我会从_____个方面分享_____，让你_____。
>
> 这个分享很有价值，整场直播可是价值_____元哟，所以希望大家能听完全场。

开场欢迎是为了吸引观众注意力，让大家迅速聚焦到直播内容本身上。

（2）热场

欢迎之后，主播需要热热场，来拉近与观众的心理距离。就像跑马拉松之前先要热热身，是为了之后更好地发挥。

这个环节比较灵活，可以根据自己粉丝群体的调性，选择他们感兴趣的话题。一般来说，适用性比较广、比较安全的话题有以下几类：

聊宠物 大部分人不反感聊宠物话题。比如素宣养了一只布偶猫，开播时她会让猫咪在镜头前露个脸，对观众说："这是我的招财猫，也祝大家财源广进哟。大家都说撸猫非常解压，所以今天我也带大家云撸猫。我们先释放释放压力，一会儿再来聊今天的内容。"

聊热点 社会热点话题的通用性最强，比如娱乐明星、热播影视剧、网红话题，都能引起大家的讨论欲。可以分享下自己的看法，再引导观众互动。

秀才艺 一个讨喜的才艺能迅速提升主播的个人魅力值，有效增加互动。比如可以唱首歌，唱得好，观众会夸；唱得不好，观众会调侃。无论唱得怎么样，主播通过唱歌传达出来的情绪能量都能感染到观众。

唠家常 分享最近自己身上发生的一些好事、新鲜事，也是个不错的选择。适当展露自己的生活，会让观众觉得很亲切、很真实。比如素宣有阵子喜欢买花，每天都要买一束鲜花放在办公室，她就可以聊聊今天的鲜花搭配，分享花语和搭配技巧，每天都不重样。

直播间观众是陆陆续续进场的，热场是一个很好的缓冲时间。估摸观众来得差不多时，主播就可以结束热场，进入正题了。

（3）自我介绍

正式开讲前，还需要有个简短的自我介绍。推荐使用这两个简单实用的自我介绍模板：

> **· 话术模板**
>
> 直播间的朋友们，大家好，我是_____。
>
> 我曾经，_____。
>
> 我现在，_____。
>
> 我未来，_____。

这个自我介绍要根据主播主题来设计。比如素宣直播"如何活出1年顶10年的高效人生"时，自我介绍是：

> 直播间的朋友们，大家好，我是活1年顶别人10年的素宣。
>
> 我曾经，是个普普通通的上班族，毕业后入职一家公司，拿着不到2000元的薪水。
>
> 我后来，仅用5年时间，就从小职员做到公司高管，薪资翻了20倍，就像坐火箭一样。
>
> 我现在，跨行转型做知识付费，1年多就做到年入百万，第3年收入达到200万元。
>
> 你们想知道我是怎么做到的吗？

而她直播"3年从负债七位数到存款七位数，我怎样破茧重生"时，自我介绍就变成：

> 直播间的朋友们，大家好，我是专注于个人成长领域的讲师素宣。
>
> 我曾经，因为亲人的缘故，背上七位数负债，一夜之间掉进深渊。
>
> 我现在，用3年时间，不但还清负债，还拥有了七位数存款。
>
> 我未来，也希望能用自己的经历，帮助大家勇敢面对人生困境，创造出属于自己的美好未来。

直播间观众对主播的熟悉程度不同。对新观众来说，一个优秀的自我介绍，能够给他一个留在直播间和关注主播的理由；对老粉丝来说，一个贴合直播主题的全新自我介绍，也能刷新他对主播的认知，增强认同感。

总之，开场话术都是通过情感联结或价值塑造，将观众"粘"在直播间，继续听下面的内容。

5.1.2　暖场话术：四招重新点燃直播间热烈气氛

有时讲到干货知识或产品介绍时，直播间气氛会"冷却"。当主播察觉到互动率降低时，要适时抛出暖场话术，重新点燃直播间气氛。

暖场话术灵活穿插在整场直播过程中，常用话术有以下四种：

（1）给自己加戏

用一些比较夸张的语气或语调，给自己加戏。比如撒娇式的：

> 哎呀，分享了这么久，主播连口水都没得喝，难道大家都不愿意给主播点个赞吗？

或者调侃式的：

> 刚才有几个小可爱说我普通话不标准，l、n不分，听不懂我在讲什么。好吧，那我们来聊点别的？我给你们来一个l、n的绕口令好不好？如果你们能听懂，那可真是天才。

（2）流行用语

适当使用一些当前流行的网络用语，能让平平无奇的内容瞬间变得有趣。

对比一下这两段内容，哪一段更有感染力？

> 家人们，你们有没有过别人找你借钱的经历，如果你不想借，但又怕伤感情，想找个理由委婉拒绝，这时在网上一搜，很多教你怎么找理由的。千万别信！遇到特别难缠的人，你找什么理由，他都能给你绕回来，只要他不尴尬，尴尬的就是你，最后不借都不好意思。相信我，这法子要是能有一点用，也不至于一点用都没有。
>
> 家人们，你们有没有过别人找你借钱的经历，如果你不想借，但又怕伤感情，想找个理由委婉拒绝，这时在网上一搜，很多教你怎么找理由的。千万别信！遇到特别难缠的人，你找什么理由，他都能给你绕回来，让你很尴尬，最后不借都不好意思。相信我，这方法真的没用。

答案不言自明。

类似的流行用语还有很多：

爆款直播间

> Oh——my——god（啊——我的天啊——），难道你们不喜欢吗？
>
> 好家伙，我只能说好家伙，你们居然已经买光了。
>
> 我跟你们说，接下来要介绍的这个课程绝对是"绝绝子"（好极了）。
>
> 我的妈呀，这也太便宜了吧？
>
> ……………

（3）金句顺口溜

很多热门直播间的主播，张口就能来几句顺口溜。例如：

> 小手点点赞，生活更灿烂。红心飘一飘，出门捡红包。
>
> 关注主播不迷路，主播带你上高速。
>
> 人间自有真情在，关注主播也是爱。
>
> 关注走一走，我们一起天长地久。
>
> 十年修得同船渡，大家一起点关注。百年修得共枕眠，点点红心不要钱。

观众哈哈一乐，顺手就点赞关注了。这种顺口溜网上有很多，可以收集一批专门背一背，直播中不时抛出几句，对提升直播互动数据很有帮助。

还有一类金句，是对分享内容精华的提炼和总结，不但能吸引观众注意力，还能成为直播宣传素材。

比如有一次素宣直播，讲如何重建自信，快讲完时她说了一句："当你爱自己，全世界就会来爱你。"结果这句话被很多粉丝做成金句海报，转发到朋友圈，为第二天的直播带来了很多新的预约。可见金句自带传播力。

（4）数字大法

还有一个万能的暖场方法，让观众在评论区回复数字。这个方法应用情景非常多，比如：

> 欢迎大家来到直播间。我们先来测试一下网络情况，大家可以听清吗？能听清我说的话的小伙伴给主播回复一个"111"。
>
> 好的，刚才这段分享对大家有没有帮助？觉得有帮助、有收获的，给主播回复一个"666"。
>
> 来做个选择题，觉得自己有严重拖延症的扣"1"，觉得自己容易三天打鱼两天晒网的扣"2"。

这种方法非常简单，很容易调动观众的情绪让他们参与到互动中。设想一下，一个陌生人来到直播间，看到主播一个人自说自话，评论区冷冷清清的，他内心对这个直播间的评价一下子就会掉到底，待不了一会儿就想走人。反过来，如果他来到直播间，看到评论区非常活跃，新评论不断滚动出现，那么出于看热闹的从众心理，他也会愿意多待一会儿，看看是什么情况。

而主播也能通过这种方式，快速获得观众最真实的反馈。

5.1.3 转场话术：掌控直播间节奏，张弛有度

转场一词来自影视行业。影视剧中场景切换时，为了更有逻辑性和节奏感，会添加一个转场镜头。直播也是如此，讲完一个知识点或销讲完一轮，要开启下一个模块时，也需要转场话术，过渡才不会突兀，整体直播节奏也张弛有度。

常见转场话术有四种：

（1）提问互动

针对刚刚讲完的内容，进行总结性的提问互动。

> ·范例
>
> 　　听完了刚刚这一段分享，大家有什么收获呢？欢迎大家在留言区用一个关键字来分享一下你的收获哟。

（2）案例过渡

针对刚刚讲完的内容，再提供一个案例，鼓励大家去做。

> ·范例
>
> 　　我刚刚分享的这个沟通方法，回去之后啊，就有一个学员立刻试了试。她跟我反馈："天哪，我的老公说：'你今天吃了什么，居然情商变得这么高了？'"所以呀，大家听完之后回去一定要去试一试，行动起来。

(3) 巧用预告

如果分享内容与第二天的直播主题有关联，可以趁机邀请观众预约第二天的直播。

> **· 范例**
>
> 　　刚刚分享的这个知识点，如果大家觉得有帮助的话，那千万不要错过我明天的直播哟。明天晚上8点整，我会在直播间和大家分享"直播变现60万元的核心秘技"，你将会收获一套公式，让你再也不用担心你的直播内容；一套心法，让你的直播流量翻一倍；一套运营方案，让你成为营销高手。
>
> 　　来，我给大家推送一下明晚的直播预约，大家现在拿出小手赶紧点一点，不要错过一个让自己变得更好的机会！

> **· 话术模板**
>
> 　　直播间的朋友们，＿＿＿＿月＿＿＿＿日＿＿＿＿点，我会在直播间和大家分享"＿＿＿＿＿＿＿＿"，你将会收获＿＿＿＿＿＿，让你＿＿＿＿＿＿＿＿。（收获可以多写几个。）
>
> 　　来，我给大家推送一下直播预约，大家现在拿出小手赶紧点一点，不要错过一个让自己变得更好的机会！

（4）阐明价值

概括介绍一下下一个模块的内容和价值点。

> • 范例
>
> 　　好的，接下来的模块更加精彩哟，我会用10分钟和大家来分享一个在亲密关系中的沟通技巧，保证你学会了之后再也不会和你的另一半吵架了！

以上四种转场话术，可以单独用一种，也可以组合起来使用。

5.1.4 下播话术：留个"钩子"，让粉丝还想再来

心理学中有个"峰终原理"，它告诉我们，一段体验如果在高峰和结尾处体验感都很好，体验者对这段体验的整体印象就会很好。相比之下，其他时段即便体验感并不太好，也可以被高峰和结尾的良好体验逆转。

根据这个原理，一场直播也需要有一个好的收尾，这关乎每个观众最终对主播的认可程度。一般能够坚持听到最后的观众，都对主播比较认可，主播一定要给予他们积极的肯定和感谢，这样才能让他们以后更愿意再来看直播。

常用的下播话术有四种：

（1）表达感谢

感谢观众的观看和陪伴，并邀请观众继续来看下一场。

> ·范例
> 　　谢谢大家愿意付出宝贵的时间来到我的直播间，愿意在我的直播间倾听我的分享，你们的陪伴对我来说就是最大的直播动力。谢谢你们，我爱你们，期待在我的下一场直播还能再见到你们。

（2）表达"关心"

找一个切入点表达关心，比如季节变化时提醒观众注意身体健康，就是一个最常用的安全话术。

> ·范例
> 　　春天就要来了，气温忽高忽低的，大家出门一定要记得增减衣物，保重自己的身体，千万不要感冒哟。谢谢你们，我一直在你们身边。

（3）价值钩子

预告下一场直播内容，并抛出价值点，引导大家来听。

> ·范例
> 　　刚刚有小伙伴问："怎么样打造超人气的直播间呢？"明天的直播我就会重点教大家打造超人气直播间的心法和技法，你们可一定要来哟，不要错过每一次可以让自己变得更好的机会。我在直播间等你们哟。

（4）鼓励行动

适用于分享干货知识或励志故事的直播，鼓励大家去践行学到的内容。

> ·范例
>
> 好的，以上就是我们这次直播的全部内容啦。也希望大家听完后积极练习起来。作为一个新手主播，一开始上路的时候就像婴儿学步，走不好跌跌撞撞也是很正常的。所以大家不用特别担心，把这些有效的直播话术练习起来，准备起来，因为机会永远是留给那些做好准备的人的！

以上四种下播话术，可以单独用一种，也可以组合起来使用。

5.2 成功的销售都相似，秘诀只有三点

同样的产品，用不同销讲话术，销售额可能相差几十倍。新手销讲时，为了打动客户，往往一上来就强调自己产品多么优秀，价格多么优惠。殊不知，客户最关心的并不是这些。

设想这样一个场景，你是一个直播小白，有时会逛逛直播间，也在直播间买过几次东西。有一天你偶然逛进行动派直播间，发现主播正在卖一门直播营课程。主播是这样吆喝的：

第五章　直播销售

> 亲，我们这门直播课请的都是通过直播月入10万+的大咖老师哟，实战经验特别丰富的那种。而且现在买课还有特价，原价5980元，现在只卖3980元，还送价值3000元的直播手册呢，这可是外面买不到的哟。特价名额只有10个，欲购从速哟。

你会想买吗？大概率不会。虽然老师牛，价格低，福利也不错，但问题是，你为什么要学直播呢？这件事你可能从来都没想过。就算课程只卖1元钱，对你也没有吸引力，因为它跟你毫无关系。

现在，让我们改变一下主播的销讲话术，在售卖之前，先告诉你为什么要学直播。

> 宝宝们，你想增加现在的收入，或者多一份收入来源吗？如果你想，那就一定不能错过直播这个时代红利窗口。在我们社群中，已经有很多行动快的小伙伴，靠直播卖货，每个月多赚几千甚至几万块钱，比主业赚得还多。
>
> 可能你会问了，我长得很普通，也不会销售，一上镜头还紧张，我也能开直播吗？
>
> 哎，你担心的这些问题其实并不特殊，在我们直播营中，90%的小伙伴都问过，可见这些是大家普遍的困惑。包括我们几位授课老师，虽然他们现在靠直播轻松月入几十万元，但他们刚开直播时，也担心过这些问题。
>
> 但是他们用自己的办法逐一解决了，并且把他们的经验都放在课程中教给大家。社群小伙伴们照着做之后，果然都顺利

爆款直播间

> 开播，有人2个月就从零变现到赚回学费了。
>
> 所以不用担心，只要你按照课程里的教程一步步执行，直播小白变直播高手就不是梦。
>
> 而且现在买课还有特价，原价5980元，现在只卖3980元，还送价值3000元的直播手册呢，这可是外面买不到的哟。特价名额只有10个，欲购从速哟。

修改后的话术是不是更容易打动人心呢？几乎所有人都想增加收入，从这个点切入，把"增加收入"与"学直播"挂钩，再用实例打消观众对是否能学会直播、学会直播是否真能赚钱的顾虑，最后才是售卖。

当然，这段话术念出来只有短短一分钟，这么短时间，显然很难说服观众立刻掏钱，除非观众对主播已经十分了解和信任。但是，如果这场直播先讲一个主播本人的直播成长故事，或者连麦几位直播营学员，让他们讲述自己学习直播后变现的经历，再搭配这段话术，是否就能大大增强说服力呢？

由此可见，做销售，首先要说服客户"你需要这款产品"，然后才能推销产品，顺序不可错乱。

怎么说服呢？像上面的例子这样，先抓住客户的一个痛点——渴望增加收入，但是基础薄弱；然后根据这个痛点，推出产品卖点——从零开始学直播，照着课程做就能赚到钱，而且已经有很多人成功变现；最后，再用冲动点——限时特价和高价值赠品，促使客户购买。

痛点、卖点、冲动点，这就是直播销讲的成功密码。我们仔细拆解一下那些销售力高的直播间的话术，会发现它们的话术都万变不离其宗。因为这三点，符合客户购买行为背后的心理学原理。

5.2.1 痛点卖点冲动点，客户购买行为背后的心理学原理

客户的一个购买决定，可能会在几秒钟内做出，也可能要花几分钟、几小时、几天，甚至几个月。但无论多久，客户的心理活动过程都差不多。

首先，客户会想"我为什么要买这个东西"。痛点就是对这个问题的回答。所谓痛点，就是客户遇到的问题点、困难点、迷茫点，是让客户觉得很痛、很难受的点。

从心理学上讲，人们只会真正关心与自己相关的事物。对其他事物，要么毫不在意，要么抱着看热闹的心理。只有先用痛点"扎痛"客户，他才会愿意听你接下来要讲的东西。痛点越精准，扎得越痛，客户对你就越有兴趣，越能听进去你的话。

如果你能说服客户认同"这个东西有必要买"。那接下来，客户就会想"我为什么要在你这里买"。

市场上几乎所有产品都存在竞品，客户可选择的商家很多，为什么一定要选择你呢？你要给客户一些理由。比如你有价格优势、质量优势或服务优势；或者你的产品有差异化特色；或者你有靠谱的背书，能增加客户对你的信任。这些都叫作产品卖点。

最后，如果客户也认可了你的产品，那么还剩最后一个"堡垒"——"我为什么现在就要买？"——需要攻克。

大多数产品都并非急迫的刚需，客户完全可以等一等，给自己更多搜集信息和思考决策的余地。但是作为主播，要尽量不给客户缓冲时间，以免"夜长梦多"。这就是冲动点的作用。用当下直播间才有的限时特价、限时福利，激励客户快点下单。

现实中，客户并不会直接问出这三个问题，但每一次购买背后，

爆款直播间

客户的潜意识里都在思考这三个问题。直播销讲话术的设计，就是对这三个问题的解答。你的答案让客户满意了，成交就是水到渠成的事。

所以直播销售之前，必须先梳理一份痛点、卖点和冲动点的清单，根据它们来组织话术。

一般来说，一款产品可解决多个痛点，每个痛点又对应一个或多个卖点。而冲动点是促销手段，因时而异。做成直播销讲清单，模板如下：

产品：		
痛点	卖点	冲动点
痛点1	卖点1	
	卖点2	
	卖点3	
痛点2	卖点1	
	卖点2	
	卖点3	
痛点3	卖点1	
	卖点2	
	卖点3	

第五章　直播销售

接下来就讲讲怎样寻找产品的痛点、卖点和冲动点。

5.2.2　梳理产品的痛点卖点冲动点，撩起客户购买渴望

直播主播一般有两类身份，一类是生产者，一类是中间商。

生产者是根据客户需求，自己生产产品的人。比如行动派就属于生产者。"行动派直播营"就是从实际需求中诞生的一款产品。行动派原本主做线下课程，2020年遇到招生难的行业痛点，不得不转型做直播，开拓线上招生渠道。几位老师不断尝试摸索经验，这些经验后来都变成了直播营的课程内容。

在直播取得一定成绩后，琦琦和素宣就开始在社群里分享自己的直播故事，引发了许多小伙伴的兴趣和讨论，还有部分小伙伴前来咨询。而从这些群聊天信息中，就能提炼出不少痛点。

比如下面这几条发言：

> 琦琦好厉害啊，在这么多人面前讲话一点不怵，我最害怕公众演讲，尤其是对着镜头，手都不知道往哪里放。
>
> 我也想直播，但是人长得丑，声音也不好听，不敢上镜。
>
> 我怕被亲戚朋友看到。
>
> 万一开播没人看，冷场了怎么办？
>
> ……

这些发言都指向同一个痛点——心态焦虑。具体来说，就是想做直播，却放不开自己，有很多担忧和顾虑。

再来看几条发言：

爆款直播间

> 那么多的直播赛道,看别人做都赚钱,但是怎么才能找到适合我的定位?
>
> 第一次直播,准备的稿子讲完才花了20分钟,剩下时间全冷场,太尴尬了。
>
> 我肚子里的墨水大概也就够撑3场,之后该讲什么?

从中可提炼出"内容"和"定位"两个痛点。如何找到个人定位?如何解决内容输出难题?内容需要根据定位来规划,这两个痛点有相关性,也可以把它们看成一个大痛点——内容定位。

以此类推,还可以提炼出好几个痛点,例如:

- 直播流量:怎样增加观看人数?怎样留住观众?
- 直播销售:怎样设置产品价格?怎样提高销售转化率?没有产品如何销售?

....

把这些痛点填在下面的清单中。

第五章　直播销售

产品：行动派直播营		
痛点	卖点	冲动点
痛点1	心态焦虑 — 卖点1 / 卖点2 / 卖点3	
痛点2	内容定位 — 卖点1 / 卖点2 / 卖点3	
痛点3	直播流量 — 卖点1 / 卖点2 / 卖点3	
痛点4	直播销售 — 卖点1 / 卖点2 / 卖点3	

当然，对生产者来说，与客户的交流并不仅限于社群。通过线上一对一私聊、朋友圈征集、线下活动等方式，同样能够收集到关于痛

点的灵感。

如果是中间商，自己并不生产产品，而是售卖他人的产品，这种情况下，产品已经确定，产品卖点也已经确定，只能根据卖点去反推痛点。也就是说，要根据产品特征，去找适合它们的客户。

上面说的这些跟客户交流的方式，中间商都可以用。除此之外，还有一种更快的方法，那就是搜集竞品详情页。一般来说，竞品详情页的开头会尽可能多地罗列出痛点，以求吸引更多人群。

从哪里寻找竞品呢？不同类目的产品都有相关的成熟的在线交易平台。

课程类产品可以去千聊、十点读书、喜马拉雅、网易云课堂、小鹅通等平台，搜索相似的课程。

图书产品首选当当网，它提供详尽的分类榜单，每个类别中哪些书卖得最好，一目了然。淘宝、京东、得到也有图书频道。还可以去一些提供听书或电子书阅读服务的App上找竞品图书。

实物产品可以搜索淘宝、京东、拼多多等成熟电商平台，或者抖音、快手、头条等有电商功能的社交平台。这些都是大家非常熟悉的平台。

找到的痛点越多，覆盖人群越广，销讲时可以组织的话术也越多，主播也会更加从容。

卖点是痛点的解决方案。怎样让解决方案更有说服力呢？可以从三个方面入手。

第一，展示原理过程。把解决客户问题的具体原理和过程展示出来。

第二，降低心理门槛。告诉客户解决方案很简单，很容易就能做到，消除客户的畏难心理。

第三，描绘使用效果。让客户看到使用产品后自己能够变成什么样子。最好用主播自己或其他老客户的真实案例，这样更有说服力。

举个例子，要卖一款主打美白功能的护肤品，首先可以列出成分表，并详细讲解每种主要成分是如何在脸上起作用的，美白的原理是什么；其次可以拍摄自己在一段时间内使用这款护肤品的照片或小视频，展示产品使用方法，并用前后对比来证明产品的有效性。

再举个例子，要售卖"行动派直播营"的课程产品，最好直接列出详细的课程大纲，这样既能让客户快速了解课程到底学什么，也能让客户看明白自己学完后能掌握哪些技能、达到什么水平。看似繁杂困难的直播，被拆解成许多小环节后，学员就容易各个突破，快速上手。还可以邀请几位老学员来讲讲他们的学习故事，展示个人成绩，用他们的实际成长为新客户描绘美好的未来。

根据前文总结的四个痛点，逐一分析，在下面清单中补充卖点信息：

爆款直播间

产品：行动派直播营				
痛点		卖点		冲动点
痛点1	心态焦虑	卖点1	教你摆正直播心态，勇敢迈出直播脱敏第一步	
		卖点2	教你实战演练，突破演讲关、内容关、销售关、流量关四大关卡	
		卖点3	教你三步定位法，打造出一个差异化、有记忆点、涨粉快的人设定位	
痛点2	内容定位	卖点1	教你从生活入手，以生活为选题，以个人故事为素材开启直播	
		卖点2	教你搜索感兴趣的题材，批量生产直播主题	
		卖点3	教你对标榜样，拆解模仿同类直播间	
痛点3	直播流量	卖点1	教你提高直播宣传力度，增加直播间流量	
		卖点2	教你互动技巧，打造宠粉氛围，让粉丝来了就不想走	
		卖点3	教你联动私域闭环，提高直播间流量	
痛点4	直播销售	卖点1	教你直播营销，让客户痛快掏钱下单	
		卖点2	教你直播产品设置，提高产品曝光率	
		卖点3	教你联动私域，让直播销量翻番	

第五章　直播销售

冲动点如何设置呢？其实它离大部分人的生活很近，平时购物时看到的各种促销招数，都属于冲动点，可以借鉴。常见的冲动点有四类：

（1）时间型：早鸟价、限时折扣、限时特价等。

（2）数量型：限前××名有优惠/有赠品；设置阶梯价格，每××人购买后涨一次价等。

（3）对比型：与其他地方的价格对比，例如市场价1999元，直播间999元；平时299元，双十一特价99元；等等。

（4）赠品型：送高价值赠品，让客户感觉产品+赠品的组合特别超值。例如琦琦线上咨询1999元/时，购买3980元直播营直接赠送一次咨询机会。

填好冲动点后，就得到一张完整的"'行动派直播营'产品销讲重点清单"。

爆款直播间

<table>
<tr><th colspan="4">产品：行动派直播营</th><th>冲动点</th></tr>
<tr><th colspan="3">痛点</th><th>卖点</th><th rowspan="13"></th></tr>
<tr><td rowspan="3">痛点1</td><td rowspan="3">心态焦虑</td><td>卖点1</td><td>教你摆正直播心态，勇敢迈出直播脱敏第一步</td></tr>
<tr><td>卖点2</td><td>教你实战演练，突破演讲关、内容关、销售关、流量关四大关卡</td></tr>
<tr><td>卖点3</td><td>教你三步定位法，打造出一个差异化、有记忆点、涨粉快的人设定位</td></tr>
<tr><td rowspan="3">痛点2</td><td rowspan="3">内容定位</td><td>卖点1</td><td>教你从生活入手，以生活为选题，以个人故事为素材开启直播</td></tr>
<tr><td>卖点2</td><td>教你搜索感兴趣的题材，批量生产直播主题</td></tr>
<tr><td>卖点3</td><td>教你对标榜样，拆解模仿同类直播间</td></tr>
<tr><td rowspan="3">痛点3</td><td rowspan="3">直播流量</td><td>卖点1</td><td>教你提高直播宣传力度，增加直播间流量</td></tr>
<tr><td>卖点2</td><td>教你互动技巧，打造宠粉氛围，让粉丝来了就不想走</td></tr>
<tr><td>卖点3</td><td>教你联动私域闭环，提高直播间流量</td></tr>
<tr><td rowspan="3">痛点4</td><td rowspan="3">直播销售</td><td>卖点1</td><td>教你直播营销，让客户痛快掏钱下单</td></tr>
<tr><td>卖点2</td><td>教你直播产品设置，提高产品曝光率</td></tr>
<tr><td>卖点3</td><td>教你联动私域，让直播销量翻番</td></tr>
</table>

冲动点列内容：
时间型：直播间特价3980元

数量型：前5名付款者额外赠与琦琦连麦机会1次

对比型：市面相同价位的直播课通常只有1个月，而行动派是1年陪伴服务

赠品型：赠送价值3000元的直播手册

5.2.3 把握好直播间销讲节奏，适时逼单

把痛点、卖点、冲动点组合起来，就得到一个"直播销讲万能公式"。

激发客户购买欲望=戳痛点+讲卖点+直播间专属冲动点。

142

第五章　直播销售

直播销讲实战时，一般就按照这个公式的顺序来讲。每轮只讲一款产品的1个痛点。讲完一轮"痛点—卖点—冲动点"，再讲下一轮。每轮时间控制在5—15分钟，尽量不超过15分钟。时间太短，表达不充分，感染力不够；时间太长，客户会失去耐心。

一场直播可以有很多轮销讲，即便只销售一款或几款产品，也能充分挖掘产品各个角度的痛点和卖点，覆盖尽可能多的客群。当然也可以销售多款产品，每款产品只卖一轮，走快节奏秒拍秒付的路线。但无论是哪种形式，"痛点—卖点—冲动点"的小销讲单元都是相似的结构。

以一场行动派真实的直播销讲为例。2022年3月，琦琦做了一场"金刚伴侣说明会"直播。"金刚伴侣"的含义是，运用金刚智慧，找到理想的人生伴侣。琦琦分享了她找到完美老公的心得和经验。找完美的另一半不能靠运气，而要靠个人努力。这听起来是不是很颠覆认知？这场直播95%的时间，都是琦琦的纯分享。

在直播结尾，主持人用剩下5%的时间，销讲金刚智慧课程。以下是当日直播销讲话术实录：

> 今天的内容真的是太精彩了，我其实刚开始跟琦琦对流程的时候，没想到会讲这么多内容，大家真是太幸运了。我最后讲一点点关于课程的内容，因为今天在聊天区里看到非常多的伙伴都是新同学，没有上过金刚课程的伙伴扣个1好不好？
>
> 其实我和琦琦有一点很像，我们都不是为了卖课而卖课的，我们都是这个课程的受益者。

> 所以我们在推课的时候都是觉得，这个课程真的会对你的生活有很大帮助，即使你现在还没有做好准备来学习这个课程，我们还是极力推荐这个课程给大家，因为你早晚有一天是会需要的。
>
> 刚刚我在群里发送一阶课程的课程详情，有伙伴马上在群里说："我想要'种'伴侣，有没有人跟我一起做业力伙伴？"然后马上有两个人说我可以，然后这位伙伴就说，那我们三个人组个业力伙伴吧。这个就是典型的没有上课就去践行，那会出现什么问题？
>
> 你会花很多的时间和精力，但是你没有结果。只有真正去上课，上完课之后，才知道每一步怎么去操作，然后再去践行。如果你想要结果，这是最省时间的方式。

上面这部分是戳痛点。要注意的是，这里的痛点并不是"为什么要践行金刚智慧"，因为琦琦这次直播中用前面90%时间讲的个人故事已经回答了这个问题。认真听完故事的观众，很容易认可金刚智慧对改变人生的重要性。

但是，金刚智慧并不是什么秘密，《金刚经》内容在网上随便一搜就能找到。那为什么还要来上行动派的金刚智慧课呢？所以这里戳的痛点就是"如果你不来上课，自己摸索，会得不到结果"，以引出后面要讲的上课的必要性。

第五章 直播销售

> 所以说上课和看书其实是一个非常高效的事情，因为你是站在别人积累和总结的精华上面，站在巨人的肩膀上去践行。所以新同学一定要进入课程里面去学习，再去践行。
>
> 然后我们课程会在四月开班，同样的课程一年只会开一两次，差不多半年才开一次。上一期还是去年八九月的时候。所以如果你是初学者，一定要来学习一阶课程，怎么样去做每一步，包括刚刚的四种力量，四个步骤，还有非常多的细节，告诉你每一步怎么去践行。

上面这部分是讲卖点。有两个卖点：第一，上课能让你站在巨人的肩膀上，还能学到很多践行细节，帮你省时间，让你出结果；第二，开课频次低，比较"珍稀"。

> 我们"三八节"有活动，如果大家今天在这里付666元的定金的话，就可以享受。我们原价6800元，现在活动价只要4800元，而且还能叠加优惠再降666元，所以现在下单只要4134元。这个4134元不只是课程的费用，还包括21天训练营，而且你学习课程之后可以根据录播内容永久重复学习。
>
> 如果你今天付款的话，我们还会抽奖送出三个免费复训的名额，总的来说真的超优惠。大家如果有兴趣，可以直接拍定金链接，666元的定金链接，然后明天去琦琦的直播间付尾款。

这里冲动点有好几个，预付定金、限时折扣、下单送21天训练营、抽奖送免费复训名额。

有一个小技巧是，卖千元以上的高价产品时，可以让客户先付定金。定金价格跟整体价格形成对比，客户会觉得很便宜。而且交定金是一个潜意识中认可课程的动作，已经交了定金的客户，会比没交定金的客户购买意愿更强。

销讲到冲动点环节时，可以适当"逼单"，即用明确肯定的祈使句，建议、鼓励甚至要求客户下单。比如告诉客户"一定要买，不买你会后悔"。

销售心理学中，有一个"销售指令"理论，你想让客户怎么做，就给他一个简单的指令，这个指令会影响他的潜意识，促使他行动。而如果没有这个指令，客户往往不会行动。这就是为什么很多主播总要在直播中反复强调"请给我点赞、转发、关注""赶紧下单"。

建议直播新手从套公式开始，练习掌控销讲节奏，培养自己的直播感。等到熟练了，就可以不拘泥于公式，适当做些变化。比如在销讲过程中，随时解答一下观众的疑问，或即兴来一轮抽奖炒热气氛等。但大框架还是这个公式。

5.3 夸产品不如讲故事，用场景打动客户

在"戳痛点+讲卖点+直播间专属冲动点"的销讲公式中，前两个环节更加重要。如果说成交是一场主播和客户的双向奔赴，那么，通过戳痛点和讲卖点，让主播向客户靠近99步，最后那1步，才能用冲动点让客户主动迈过来。

怎样戳痛点和讲卖点，更容易走进客户的心呢？有一个方法——

讲故事，非常简单且好用。

5.3.1 为什么客户会被故事打动？

讲一个能让客户感同身受的故事，比单纯讲道理、夸产品更管用。

举个例子。曾经有段时间，关于996的话题在网上非常热门。这里不去讨论996是对还是错，只设想一下，假如你想说服别人"下班后老板还让你加班，你应该拒绝"，你会怎么说呢？

你可以讲很多道理，比如持续工作不休息会降低效率，工时太长拉低时薪不划算，工作侵占生活影响家庭和睦，甚至你还可以援引劳动法条款，或者分析企业狼性文化的弊端，等等。

但是，这些都不如一个简简单单的故事更能打动人心。

> 我是一个程序员，很久没过周末了，这个周末我约了异地恋的女朋友看电影，刚进电影院就接到了老板的短信，短信一条接一条，我没有回。第二天例会，老板当着所有人骂我，我很委屈。我知道，这件事没有对错，老板也不是故意针对我，周末也有其他同事在辛苦加班，这件事也并不是只有我遇到，可我就是很委屈。
>
> 有条新闻大家还记得吗？说的是外卖小哥困在了系统里。送餐的小哥，无论在路上多么辛苦，冒了多少风险，跑得多快，系统派给他们的下一单都会追得更紧，逼得他们下一单要更快一点，再快一点。当老板发来一条一条短信的时候，我不想回，是因为我也被追得那么紧，我害怕有一天被工作追上，并且到那时候，我再也没有办法"骑"得更快了。

这是一位专业辩手讲述的故事。看完你有没有被说服？也许你没有经历过故事中的场景，可是你一定遇到或听说过相似的情景，所以能体会到故事中程序员的辛酸和委屈。

无论讲什么道理，都有可能被反驳。因为立场不同，奉行的道理就不同。但故事能唤起人的同理心，即便站在对立方的人，也不得不承认，如果此事发生在自己身上，自己也会做与故事中的主角同样的选择。故事能让人放下对抗，带来理解。

这就是故事的力量。故事，是让人无法拒绝的。

这位专业辩手很有实力，但他却认为自己以前根本不会说话。因为以前他痴迷于讲道理，总觉得逻辑完美、观点犀利，能驳倒对方，就是最厉害的。后来才发现，听众并不想听道理，而是想听有人讲出他们内心的声音，让他们感到"你懂我"。有了故事的铺垫，他们反而愿意听听你的道理。

从这个例子中，可以总结出故事发挥作用的机制，共有四步：

（1）讲听众熟悉的内容，容易被理解和接受；

（2）调动听众的情绪，故事可以调动起非常复杂的情绪，让人又想哭又想笑，又愤怒又同情，其他方式很难做到；

（3）把道理包含在故事里，但不直接说出，而是让听众自己总结出来，比起别人讲的道理，大部分人更相信自己思考后得出来的道理；

（4）故事情节曲折，让人印象深刻，记住故事也就记住了其中的道理。

大人都知道，给孩子讲道理往往讲不通，最好是给他讲个故事。孩子可能听不懂道理，但他能听懂故事。这说明故事比道理更贴近人的本能。

第五章 直播销售

那么，怎样把这套机制运用到销讲中呢？很简单，痛点和卖点就是你要讲的"道理"，用痛点和卖点替换上述机制中的道理，再简化一下，就变成四步"销售故事机制"。

第一步，代入熟悉场景；第二步，调动客户情绪；第三步，用故事包装卖点；第四步，让人印象深刻。

来看看这四步具体怎么走。

5.3.2 代入故事场景，让客户痛快掏钱

素宣的核心课程产品叫作"超级笔记术"，她从自己上学和上班的经验总结出一套笔记方法，打造成知识产品，并靠这款产品成功实现从上班族到知识付费讲师的转型。

下面就来看看，如何使用四步"销售故事机制"，通过讲故事来一步步营销"超级笔记术"的。

（1）第一步，代入熟悉场景

"超级笔记术"中有一节课叫"日程管理"，用一张日程表，就能做一个月的时间管理。它能解决"日常事务特别多，经常抓狂"这个痛点。那么故事可以这么讲：

> 现在很多妈妈都要兼顾工作和家庭，一天要搞定十几件事，常常感觉力不从心。可是真的没有平衡的办法吗？
>
> 我有个学员，用了"超级笔记术"里的日程表，轻松就解决问题了。她是公司中层，带俩娃，还兼职帮我统筹所有训练

爆款直播间

营,这么多事情,她用一张日程表就管理得井井有条,一个月能完成500项任务。她还教会了自己的孩子用日程表来管理自己的学习生活,取得了不错的成效。让我们来看一下她女儿自己制作的日程表。

星期一	星期二	星期三
【今日作业】 语文: ☑ 1.导学案1张(重点作业) ☑ 2.《知识与能力训练》(以下简称"知能")第21课(课堂已写第1至3题) ☑ 3.看书打卡 数学: ☑ 1.订正知能第59、60页 ☑ 2.完成知能第61页 英语: ☑ 1.听读第9单元 3遍 ☑ 2.一起作业 ☑ 3.抄写第9单元第43页单词一个一行(写日期、天气和标题。Dec.7th Sunny)	【今日作业】 语文: ☑ 1.第26课导学案2张(因分发卷子时出错,有的重复了,做1张即可,能做2张更好。) ☑ 2.练背古诗《早发白帝城》,明天早读默写 ☑ 3.看书打卡 数学: ☑ 完成知能第62、63、64页 英语: ☑ 1.听读第9单元 3遍 ☑ 2.一起作业 ☑ 3.背诵第9单元单词(B部分会背默)	【今日作业】 语文: ☑ 1.知能第22课作业 ☑ 2.再读第23课导学案,注意"课文导读"部分和老师的批改内容 ☑ 3.看书打卡 数学: ☑ 1.订正知能第61、62、63页 ☑ 2.完成知能第72页 英语: ☑ 1.听读第9单元 3遍,背诵A、B部分(单词要开始背默了,可以在草稿练习) ☑ 2.一起作业 ☑ 3.抄写42页课文和标题第9单元 In my room(写好标题天气)

第五章 直播销售

续表

星期一	星期二	星期三
【今日安排】 ☑ 6：00起床、洗漱、换衣服 ☑ 6：15—6：50语文背诵/朗读英语新课文、生字词 ☑ 6：50—7：15收拾书包+吃早餐 ☑ 7：15出门上学	【今日安排】 ☑ 6：00起床、洗漱、换衣服 ☑ 6：15—6：50语文背诵/朗读英语新课文、生字词 ☑ 6：50—7：15收拾书包+吃早餐 ☑ 7：15出门上学	【今日安排】 ☑ 6：00起床、洗漱、换衣服 ☑ 6：15—6：50语文背诵/朗读英语新课文、生字词 ☑ 6：50—7：15收拾书包+吃早餐 ☑ 7：15出门上学
☑ 16：50—17：30放学回家 ☑ 21：10前完成作业和语数英次日课预习 ☑ 21：10—21：40阅读 ☑ 21：40—21：55运动+睡前准备 ☑ 22：00睡觉	☑ 16：50—17：30放学回家 ☑ 21：10前完成作业和语数英次日课预习 ☑ 21：10—21：40阅读 ☑ 21：40—21：55运动+睡前准备 ☑ 22：00睡觉	☑ 16：50—17：30放学回家 ☑ 21：10前完成作业和语数英次日课预习 ☑ 21：10—21：40阅读 ☑ 21：40—21：55运动+睡前准备 ☑ 22：00睡觉
【总结/反思】 做得好的方面及收获： 1.在妈妈回家之前完成了所有写的作业。 2.比计划时间提前完成了所有作业，获得奖励玩水晶泥30分钟。 3.没有一边写作业，一边玩其他东西。 4.跳绳的速度比以前快了。 有待提升的： 1.做运动的时候不要有太多的借口。 2.阅读的时候要更专心一点，不要分心。	【总结/反思】 做得好的方面及收获： 1.因为做了预习笔记，被数学老师表扬了。 2.午饭吃得快，而且还吃了蔬菜。 3.帮了体育老师的忙。 有待提升的： 因为这几天体育课比较多，跑得腿有点累，所以在跳绳的时候就不太想跳，不太想坚持了，后面还是要坚持每天跳绳。	【总结/反思】 做得好的方面及收获： 1.语文公开课上积极举手发言，获得了小红花。 2.帮助老师批改同学的听写作业。 有待提升的： 今天作业少，太松懈了，本来想在9点前就能完成的，结果到10点半才完成。

爆款直播间

很多上班族妈妈一下子就会被这个故事打动。这个故事可以用的地方很多：直播间销讲、一对一私聊、朋友圈文案、订阅号文章……一个故事能产生多重价值。

不过，这个故事能让宝妈产生共鸣，但刚毕业的大学生看了就没感觉。对后者来说，讲一个职场新人通过时间管理获得领导青睐、升职加薪的故事，更有说服力。

所以，一款产品至少要整理5—8个痛点故事，分别针对不同的客群、不同的痛点。

销售高手都有自己的故事库。比如"超级笔记术"故事库中，就有几十个痛点故事。

有针对职场发展的：

> 加班加到吐血，通过用时间日报改善与领导的沟通，给自己减少40%工作量；
>
> 大四学生实习时展示学习笔记，2个月从月入3000元到月入过万；
>
> 在公司群里抛出工作文档笔记，被大老板点名表扬；
>
> ……

有针对学习力提升的：

第五章　直播销售

> 学习"超级笔记术"后,考了年级第一;
>
> 教5岁女儿使用"超级笔记术",让女儿从厌倦英语学习到英语满分;
>
> ……

有针对人脉拓展的:

> 在人大EMBA分享学习笔记,打开人脉圈子,带来机会;
>
> 通过笔记链接到自己崇拜的大咖老师,并让老师为我的笔记付费;
>
> 一篇笔记吸引一位牛人抛出绣球,邀请我合作出书;
>
> ……

这些故事有的是素宣的,有的是学员的。素宣授课三年中,逐渐收集积累起来这个故事库,而且现在这个故事库还在不断扩充中。

销讲时,看客户属于哪类人群、有什么需求,就讲对应的故事。如果听众人数多,各种情况都有,那就多讲几个故事,总有一个能"命中"。

（2）调动客户情绪

一个能调动听众情绪的故事,才是好故事。什么样的故事能调动听众的情绪呢?情节跌宕起伏、峰回路转的。

逆袭故事就是最典型的代表。它的套路很固定:一开始特别惨,或者一开始过得不错，后来跌入谷底；但是主角一路奋发逆袭，中间可能遇到几次挫折，都顺利解决了；最后结局圆满。

比如素宣最常讲的逆袭故事是"3年从负债七位数到存款七位数"，每次在直播间讲，都能收到很多观众私信，说这个故事给了他们很大鼓励。

逆袭故事最受欢迎，但并不是每个人都有。若没有逆袭故事，可以讲解决问题的故事。每个人都曾遇到过难以解决的问题，这种故事更具普适性。

比如素宣是如何用笔记在人大EMBA圈经营人脉的：

> 我曾经在人大EMBA上课，这个课程非常贵，学费几十万。同学都是商界大佬，他们中公司年营业额几亿、几千万的很多。我在里面商业成就最低、年龄最小，所以一开始非常自卑，上课都坐在最角落的位置。就这么过了半年，跟班里的同学还是不熟。
>
> 后来我觉得不能再这样下去，这个课实在是太贵了，打不开局面，拓展不了人脉，就等于学费打水漂。
>
> 怎么打开局面呢？我认真想了想自己的优势，觉得上课做笔记就是当时我最大的优势。每节课我都认真做课程同步笔记，课一结束就分享到同学群里。同学们都震惊了，他们从来没见过有人能边听课边输出几千字完整笔记，还附带自己的深度思考。我凭借这一招，让所有人都记住了我。
>
> 这些老板们都觉得，我的笔记技能很适合用在工作中。他

> 们有人让自己的秘书团来跟我学习，有人直接请我去他的公司做培训。后来我又得到百度、华为、平安等500强公司的企业内训邀请，就是靠着在人大EMBA同学们这里获得的口碑和转介绍。
>
> 所以说，就算是做笔记这种小事，如果做到极致，做到对他人有价值，也能体现我们自己的价值，收获很多意想不到的可能性。

这个故事起点并不悲惨，过程也不跌宕，但对需要拓展人脉的人来说，故事提供了一种切实可行的思路，因而说服力很强。

（3）用故事包装卖点

怎样把产品卖点融合到故事里呢？很简单，把用产品解决问题的过程详细写出来，就是一个好故事。不必强调"我的产品很好用"，客户听完故事，自己就能得出这个结论。

素宣的超级笔记能力是在工作中磨炼出来的，起源是要用笔记解决一个自身困境：

> 2013年，我在深圳卫视工作，主要负责节目视频、动画制作。
>
> 这项工作对沟通的要求很高，需要花大量时间与编导沟通、反馈、确认，准确把握客户需求。视频和动画制作过程

也异常烦琐，要收集大量素材、剪辑、拼接、导入软件、做特效、进行渲染……

工作量非常大，经常加班。

但是我的领导并不知道我很忙。我们不在同一个地方办公，他看不到我的日常状态，一直不停地给我布置工作。

我那时候性格比较内向，不善言辞，不知道怎么跟领导说，领导布置什么就接什么，于是加班越来越严重，最夸张的一周基本没睡几个小时，累得在工位上吐血了（是真的吐血了，不是夸张修辞）。

我觉得不能再这样下去。认真思考了一下，发现问题根源不在领导而在我，我没有准确记录自己的工作内容，没有让领导看到我的工作量。我说我忙，可是没办法证明。而且每个人对"忙"的理解都不一样，对吧？

当时正好刚接触印象笔记，我就用它给自己设计了一份工作日报，用简明扼要的方式呈现自己一天的工作和成果，并且把这份笔记共享给了我的领导。

第五章 直播销售

0312周三 工作日记
1. LED现场屏幕
   1）改联合LOGO ☑
   2）去掉左下右下LOGO ☑
2. 嘴唇模型 ☑
3. 包装交接
   1）片头无LOGO ☑
   2）角标无LOGO ☑
   3）广告开关板 ☑
      ① 广告之后更精彩 ☑
      ② 正在播出 ☑
   5）片尾字幕无LOGO ☑
   6）VCR板子（改小）☑
   7）下节预告（无字版本）☑
   8）即将播出包装条 ☑
   9）转场无LOGO ☑
   10）LOGO图 ☑
   11）5秒广告 ☑
4. 笔记
   0310笔记_PS字体做法 ☑
   0310笔记_海报基本流程 ☑
5. 即将播出包装条 ☑
6. 花字
   一个秘密，瞒了七年 ☑
   渴望理解，不敢坦白 ☑
   面对儿子，沉默还是爆发 ☑

0408周二 工作日记
1. 三九胃泰包装
   1）LOGO三九胃泰修改 ☑
   2）广告开关板
      发范帆邮箱 ☑
2. 预告片花字
   花字：43年前，一场婚外恋让他们名誉扫地，零落天涯 ☑
   花字：43年后，曾经相思入骨的恋人能否认出他，是否有勇气承认这段不堪回首的往事 ☑
3. 预告片包装
   1）30秒、60秒 ☑
   2）包装 ☑
   3）无广告 ☑
   4）音乐、字幕 ☑
   5）标清下带、送带 ☑
4. VCR修改
   1）老团长集体照片视频 ☑
   2）老团长结婚照片视频 ☑
   3）宣传片VCR修改 ☑
      ① 加人
      ② 删除进隧道
      ③ 加人物
5. 图片修改
   1）信封照片 ☑
   2）新照片 ☑
6. 户外海报
   1）情感易碎 慎重拆阅 ☑
   2）用胡晓梅人像 ☑

> 　　领导马上就了解了我的工作量，给我减掉了40%。原来，不是领导不通情达理，而是我没有有效向上沟通。
> 　　后来领导告诉我，从当时我共享给他的那份笔记中，他不仅看到了我的任务量，还看到了我主动思考、主动改变的态度，和善用工具解决问题的能力。他在公司高层会议上表扬了

> 我，并提议将我的做法推广到全公司。
>
> 我受到鼓舞，就再接再厉，充分开发印象笔记的各种功能，笔记数量开始疯长，笔记类型也开始多样化。一做就是七年。
>
> 后来我跨界到金融领域，从一个普通职员奋斗成为高管，这两年又在创业。随着我的工作岗位从普通职员到项目负责人，再到高管，再到进入个人创业领域，我的笔记体系也从个人的工作日报、时间管理，到业务的流程化管理，再到多人异地项目协同管理……我为自己建立了一个"素宣移动图书馆"。
>
> 正是在这个过程中，我练出了强大的笔记能力，沉淀了大量经验，最终可以开课教学。

素宣把她成长、开课的完整经历写成故事，是不是特别真实可信？她不必说"超级笔记很强大，能解决很多问题，帮助你在职场快速成长"，她的故事本身就是最好的证明。

（4）让人印象深刻

一个故事要让人印象深刻，需要具备两个要素：价值金句和真实性。

在故事结尾，用一个金句表达整个故事要传递的价值观。

比如用笔记链接人大EMBA同学的故事，最后的金句可以是：活出吸引力。

用工作日报获得领导赏识的故事，最后的金句可以是：主动出击，才能掌控自己的人生。

听众认同故事，本质上是认同故事传递的价值观。只有你与客户

第五章 直播销售

价值观同频共振,客户才会愿意为你掏钱。

客户未必能记住所有的故事细节,但如果故事的价值观打动了他,他一定会记住最后的金句。

此外,故事必须真实,不能编造。因为故事框架可以编造,但很多细节只有真正经历过的人才会知道。编造的故事永远经不起细节推敲,内行人一眼就能识破;缺少细节,故事就不饱满,也很难真正打动外行。而且编故事一旦被发现,毁掉的是整个个人品牌,风险太大。

如果自己没有合适的故事怎么办呢?可以讲其他人的故事,听说过的、见过的、身边人身上发生的……

但只要认真梳理,每个人都有很多故事可讲。素宣因为要销售自己的课程,"被迫"把自己的前半生梳理了一遍,居然整理出100多个动人的故事!

素宣的人生故事库	
1	拥有16项可变现技能的斜杠人生玩家是怎样炼成的?
2	小时候被奶奶丢到垃圾桶,自卑的我如何克服心理障碍,与家人和解?
3	毕业后花100万元学习,收获5倍回报
4	从厨艺白痴到菜品照片刷爆朋友圈,仅因为一句话
5	从被嘲笑长得丑,到拿到模特大赛冠军,我是怎么做到的?
6	7年从月入1500元到月入35万元,是一种什么体验?
7	都说跨行穷半年,我跨行半年却收入翻倍
8	仅用4个人、12万元预算做出100万元效果的年会,我在全公司出名了

爆款直播间

续表

	素宣的人生故事库
9	坚持7年写时间日报，给我带来怎样的变化？
10	4天考出自由潜水二级证书，教练连称奇迹
11	连续3年提前完成全年目标，我是怎么做到的？
12	学费40万元的课程中，我如何吸引大咖同学们的注意？
13	一场旅行，我实现了3个人生梦想
14	在戈壁滩上暴晒暴走8小时，我有了3个灵魂收获
15	1年读100本书是种什么样的体验？
16	2年写出273万字笔记，打印出来占满一行书柜
17	从大学挂科的学渣，到拿到17个A+的学霸，爸爸的一句话刺激到了我
18	销售小白2个月拿到销售冠军，我是怎么做到的？
19	从文案小白到3年出书2本，普通人写书并不难
20	一创业就拿到200万元投资，我凭什么打动投资人？
21	4年去了20个国家，工作繁忙的我如何挤出时间旅行？
22	从创业失败到年入200万元，我总结了3条宝贵经验
23	1场社群活动发售35万元，我是怎么做到的？
24	用一招让5岁女儿从厌倦英语到英语满分
25	2年从阅读困难户变身为专业阅读讲师，我是怎么做到的？
26	……

素宣说，自己转型当讲师以来，最大的收获就是活得更明白、更自信了，原来自己创造过这么多厉害的故事。就算没有赚到几百万元，她也觉得很值得。

建议你一定要找个时间，好好回顾和梳理一遍自己的人生，可能你觉得自己是个普通人，没有那么多惊心动魄的故事，但那些你克服困难、解决问题、走出困境的经历，对遇到同样困境的人来说非常宝贵。

5.3.3 极简四步法，快速写出高销售力故事

如何快速写出一个有吸引力和销售力的好故事呢？对新手来说，练文笔不如套模板。

好莱坞电影有一个经典的创作模板，叫作"超级英雄成长范式"。一个英雄，原本过着平凡的生活，因为一次意外，开启了一段未知的崭新旅程，这段旅程让他不断成长，发掘潜能，创造奇迹，最终成为超级英雄。

概括一下，超级英雄成长范式包括四个部分：低起点、有转机、苦成长、好结局。

把个人经历套入这个模板，也可以写出一篇非常有能量的个人故事。这个故事有一个负面开端，然后遇到一个转机，促使你开始成长，最终你克服了这个负面问题，赢得光明的未来。整个故事一直上升发展，最终在高潮结束。

（1）低起点

从心理学角度来讲，人们更容易对他人遭遇的痛苦、挫折、困境产生共鸣，或者至少产生同情。一个负面开端比正面开端更抓人心。

而且低起点也能与后面的好结局产生对比效果，让人印象深刻。

请回忆一下自己人生中那些失败的经历、感到痛苦或脆弱的时刻、遇到的大麻烦、闯下的大祸……再从中选择你已经克服并取得一定成就的那些负面事件，作为故事开端。比如下面这些常见的低起点和好结局：

> 曾经是学渣，后来变学霸；
>
> 曾经关系紧张，后来关系美满；
>
> 曾经有一个缺点，后来克服了，或通过其他方面的努力让人忽略这个缺点；
>
> 曾经掉进深渊或陷阱，后来靠自己努力走出阴霾；
>
> 从前学历不高，后来事业有成；
>
> ……

（2）有转机

转机是改变负面开端的关键点。可能是遇到了一个人，可能是经历了一件事，或者是读了一本书、上了一节课、听到一句话，又或者是内心的一次醒悟、一个决定……

如果要带货，那么最好转机就是产品本身，使用产品后产生变化，改变现状。

> 比如素宣有位学员，只有初中文凭，十五岁就去当兵。他二十三岁时面临退役，但他不甘平庸过一生，花了很多时间和金钱读书学习，各个领域都有涉猎，可惜无法融会贯通，化为己用。那时他内心很迷茫，不知道何去何从。只是学得多了，脑海中逐渐形成一个模模糊糊的念头——要链接一位贵人，获取能量和指点，哪怕价格再高也值得。
>
> 机缘巧合，他认识了素宣，毫不犹豫付费五位数，一口气报了素宣所有的课程。学完第一门"超级笔记术"后，他果然靠笔记能力获得领导赏识，被提拔到管理层，后来又升为公司合伙人，人生从此开始改变。

对这位学员来说，决心链接贵人，偶遇素宣，以及学习"超级笔记术"，都可以算作转机，很难说这三个中哪一个更重要，它们缺一不可。人生许多事情都是这样，需要不止一个转机，才能促成最终的好结局。站在结局回头看，这些转机既有偶然性，又有必然性。完整地描述转机能够赋予故事合理性。

（3）苦成长

成长是一个过程，它不是一蹴而就的，写得详细一些才有说服力。但也不必事无巨细，那样的话反而让听众抓不住重点。把成长过程中的关键点写出来就够了。

有的成长是"渐进式"，像上楼梯，要登上一个又一个台阶，经

爆款直播间

历好几个阶段。比如上面提到的那位当兵的学员，他文化水平不高，阅读都困难，后来却能一年读五十本书。他是怎么做到的呢？分三个阶段：

> 首先，他一开始读不进去，就加入了一个读书社群，群友互相督促，每天在群里打卡各自的读书进度。有一群人陪伴，就容易坚持下去。读得多了，越读越顺。
>
> 转业之后，他一边工作，一边挤时间读书，慢慢把读书变成了雷打不动的生活习惯。
>
> 后来，他偶然了解到一种高效阅读法，这才发现世界上有更快更好的读书方法。经过一段时间刻意练习，他的读书速度突飞猛进，很快就能一年读五十本书了。

有的成长是"飞跃式"，卡在一个瓶颈上，一旦突破瓶颈，问题自然迎刃而解。比如素宣帮助女儿从厌学英语到英语满分，就只用了一招。

> 素宣的女儿小羽原本对英语并不感兴趣。因为上幼儿园大班后，英语学习难度突然加大，小羽有些跟不上，被老师批评过几次，她就开始厌恶英语，拒绝写作业。
>
> 后来素宣想了一招，让小羽教不会英语的奶奶学英语，全家人都喊她"小羽老师"。小羽特别喜欢这个称呼，在她的认知里，老师都是超人，她很崇拜老师。

> 为了扮演好这个角色,小羽上课听得特别认真,回家后,居然能将老师讲的内容一字不落地复述出来,还能纠正奶奶的发音,让素宣很震惊。就这样,以教促学一个月后,小羽英语成绩显著提升,老师再也没有批评过她,而是经常表扬她,新的良性循环成功建立。

(4)好结局

这里的好结局,不仅包括你自己的结局,还要给客户描绘一个美好的未来。让客户认为他使用产品后,也能获得像你一样的好结局。

比如素宣销讲"超级笔记术"时,讲完上面所有内容,她会说:"希望我能让十万人体会到超级笔记的好处,爱上记笔记。"这份极致利他的情怀,能将客户的情绪一下子推到最高峰。

当然,也可以不讲这么宏大的愿景,只给客户一个看得见摸得着的"稳稳的幸福"。比如这样讲:"希望你来学习后,也能体会到超级笔记的好处,让它帮助你弯道超车,快速成长,改变人生。"

下面是一个产品故事模板,照着表格填完,就能写出一个优秀的销讲故事。

爆款直播间

_____产品故事梳理		
模块	说明	内容
产品名称	填写产品名	
痛点"钩子"	描述痛点	
低起点	负面开端（后来已经克服）	
有转机	改变负面开端的关键点	
苦成长	成长过程中的关键点	
好结局	自己的结局+给客户描述美好未来	

第 六 章

直播统筹：

拿来即用SOP，
轻松统筹大直播

直播各个阶段对主播的统筹能力的要求不同。新手刚开始直播时，只要能播出，迈出第一步，就算成功。前十场直播，重在主题选取和内容打磨。但十几场直播后，主播就应着手开始将直播流程做成可视化的SOP标准文档。

SOP是Standard Operating Procedure的首字母缩写，意思是"标准作业程序"。指将做一件事的所有步骤以统一格式书写下来，形成指导文档，用于规范执行过程。

SOP的精髓在于将影响最终结果的各个关键环节细化和量化。这样做有三个好处。

第一，减少执行失误。人的记忆和经验不一定可靠，即便是熟手，也可能出现偶尔失误。但文档永远不会出错。

第二，方便迭代优化。一边执行一边观察数据，由于SOP详细记录了每个环节，因此能迅速找出对结果有负面影响的环节，将其优化。

第三，能够快速复制。SOP在培训新人和扩大团队时能极大提高培训效率。新人对照SOP文档去做，很快就能执行到位。

制作SOP文档是主播进阶之路的必做功课。本章将按照直播准备期、直播执行期、直播复盘期三个阶段，详细介绍各阶段需要做的工作，并提供相应的统筹表工具，方便你做出自己的完整直播SOP。

6.1 直播准备期：准备充分，直播就成功一大半

统筹一场直播，应将大部分精力投入准备期。准备越充分，直播成功率越高。

直播准备包括三个部分：主题策划、流程策划和引流策划。

6.1.1 主题策划：根据三种直播目的制定主题

直播主题策划要以终为始，根据直播目的来设定。常见的直播目的有三种：

涨粉：吸引、留住更多陌生流量，增加关注人数。

销售：以卖出产品为目的，又可细分为追求销售额、追求销量和追求利润率三种。

宠粉：做福利活动，笼络老粉丝，提高老粉丝的留存率。

相对来说，新手主播更倾向于涨粉；有一定粉丝基础后，逐渐提升销售占比，让流量转化成收入；等积累起回头客和铁粉后，就要不定期在直播中穿插宠粉福利。

根据不同直播目的，确定每场要销售的产品，再以此确定受众群体，最后推理出合适的直播主题。

以下是一张"直播主题策划表"。

爆款直播间

直播主题策划表

序号	模块	说明	内容
1	直播目的	涨粉、销售、宠粉3选1	
2	直播产品	主推产品（以涨粉为目的的直播可不填）	
3	目标人群	产品受众人群	
4	直播主题	根据上面3项，写出1个合适的主题	
5	直播类型	连麦还是独播？如果连麦，写下嘉宾名字	

注意，填写该表是为了检查直播主题是否与直播目的、直播产品相匹配。一场直播可能有多个目的或产品，直播主题与主要目的和主推产品调性一致即可。

- 示例：琦琦2022年1月的一场直播

直播主题策划表

序号	模块	内容
1	直播目的	销售
2	直播产品	"行动派直播营"3980元
3	目标人群	对直播、流量变现、线上获客等感兴趣的人
4	直播主题	新手如何做直播内容
5	直播类型	独播（琦琦）

第六章　直播统筹

该场直播主要目的是销售"行动派直播营",但也兼售琦琦自己的私教课程,还希望能涨粉。但填表时,只填写"销售"与"行动派直播营"即可。

6.1.2　流程策划:三张流程表,掌控各种直播

直播最忌心血来潮,即兴发挥。即便是顶级主播,只靠临场发挥,效果也不会太好。

直播间里那些看似随意的闲聊和主播临时起意给出的福利,其实绝大多数背后都有精心策划的剧本。每个环节讲什么内容、助理如何配合、一个环节控制在多长时间、什么时候开始促单成交……都需要提前部署安排。一些顶级带货主播在宣传大型节日促销时,甚至会在海报中给出明确的产品上架时间表。

确定直播主题后,就需要策划直播流程,并在直播前3天确定下来。以涨粉为目的的直播,和以销售或宠粉为目的的直播,在流程上有所区别。

(1)以涨粉为目的的直播流程

以涨粉为目的的直播,内容以纯分享内容为主,包含开场破冰、正式分享、互动引流、结尾下播四个环节。

其中,分享环节不宜过长。若超过20分钟,就需要切成两个或多个部分,中间穿插互动。否则,一直单方面输出,会让观众感到疲惫,注意力分散,导致观众流失。

现在以知识博主的一场1小时左右的涨粉直播为例,直播流程如下表:

爆款直播间

<table>
<tr><th colspan="5">涨粉直播流程表</th></tr>
<tr><th>序号</th><th>开始时间</th><th>时长</th><th>环节</th><th>内容</th></tr>
<tr><td>1</td><td></td><td>15分钟</td><td>开场破冰</td><td>1. 欢迎粉丝
2. 下期直播预告
3. 引导观众转发直播间
4. 设置抽奖，介绍奖品福利
5. 引导观众关注主播
6. 引导观众加微信</td></tr>
<tr><td>2</td><td></td><td>20分钟</td><td>分享第一部分</td><td>第一部分标题：
内容要点①：
内容要点②：
内容要点③：
公布抽奖活动中奖者</td></tr>
<tr><td>3</td><td></td><td>5分钟</td><td>互动引流</td><td>1. 引导观众关注主播
2. 引导观众加微信
3. 设置抽奖，介绍奖品福利</td></tr>
<tr><td>4</td><td></td><td>20分钟</td><td>分享第二部分</td><td>第二部分标题：
内容要点①：
内容要点②：
内容要点③：
公布抽奖活动中奖者</td></tr>
<tr><td>5</td><td></td><td>10分钟</td><td>结尾下播</td><td>1. 感谢粉丝
2. 下期直播预告，引导观众关注下期直播
3. 引导观众关注主播
4. 引导观众加微信
5. 下播</td></tr>
</table>

你可以根据实际情况调整表中的步骤。

第六章 直播统筹

·示例：琦琦"直播如何有更多成交"涨粉分享直播，时长3.5小时，现场连麦3位观众进行答疑。

<table>
<tr><td colspan="5" align="center">琦琦"直播如何有更多成交"直播流程表</td></tr>
<tr><td>序号</td><td>开始时间</td><td>时长</td><td>环节</td><td>内容</td></tr>
<tr><td>1</td><td>19:15</td><td>15分钟</td><td>开场破冰</td><td>1. 欢迎粉丝
2. 分享生活故事：我今天穿的衣服有什么特别意义？
3. 引导观众转发直播间、关注主播、加微信
4. 本场直播干货简介</td></tr>
<tr><td>2</td><td>19:30</td><td>20分钟</td><td>分享第一部分</td><td>第一部分标题：深耕私域第一点——拉增量
内容要点①：私域怎么加好友
内容要点②：发布对群有帮助的内容</td></tr>
<tr><td>3</td><td>19:50</td><td>5分钟</td><td>互动引流</td><td>1. 感谢粉丝
2. 引导观众关注主播、点小爱心和小灯牌
3. 现场答疑</td></tr>
<tr><td>4</td><td>19:55</td><td>20分钟</td><td>分享第二部分</td><td>第二部分标题：深耕私域第二点——养成发朋友圈的习惯
内容要点①：朋友圈三原则——原创、报喜、质感
内容要点②：大部分人太低调，缺少报喜习惯
内容要点③：做养成系博主，粉丝黏性更足</td></tr>
<tr><td>5</td><td>20:15</td><td>5分钟</td><td>互动引流</td><td>1. 感谢粉丝
2. 引导观众关注主播、点小爱心和小灯牌
3. 现场答疑</td></tr>
<tr><td>6</td><td>20:20</td><td>20分钟</td><td>分享第三部分</td><td>第三部分标题：深耕私域第三点——做群运营
内容要点：群里坚持正向卷</td></tr>
</table>

爆款直播间

续表

序号	开始时间	时长	环节	内容
7	20:40	5分钟	互动引流	1. 感谢粉丝 2. 引导观众关注主播、点小爱心和小灯牌 3. 现场答疑
8	20:45	20分钟	分享第四部分	第四部分标题：深耕私域第四点——私聊 内容要点①：给所有加自己的小伙伴主动发信息 内容要点②：私聊不问填空题，问选择题 内容要点③：用可爱的大头小孩做表情包
9	21:05	5分钟	互动引流	1. 感谢粉丝 2. 引导观众关注主播、点小爱心和小灯牌 3. 现场答疑
10	21:10	20分钟	分享第五部分	第五部分标题：直播间成交关键点——设计产品 内容要点①：直播间产品价格要从低到高 内容要点②：做9.9元引流产品 内容要点③：记录下灵感，就可以开始干
11	21:30	5分钟	互动引流	1. 感谢粉丝 2. 引导关注主播、点小爱心和小灯牌 3. 现场答疑
12	21:35	20分钟	分享第六部分	第六部分标题：直播间成交关键点——直播节奏 内容要点①：卖货核心靠情绪 内容要点②：先讲干货再卖货 内容要点③：不要担心卖货场观下降 内容要点④：个人品牌变现，人是第一，课是第二 内容要点⑤：直播间卖货核心——先建立信任再成交

第六章　直播统筹

续表

序号	开始时间	时长	环节	内容
13	21:55	5分钟	互动引流	1. 感谢粉丝 2. 引导观众关注主播、点小爱心和小灯牌 3. 现场答疑
14	22:00	10分钟	与第一位观众连麦	1. 双方连麦，互打招呼 2. 观众提问 3. 琦琦回答
15	22:10	5分钟	互动引流	1. 感谢粉丝 2. 引导观众关注主播、点小爱心和小灯牌 3. 现场答疑
16	22:15	10分钟	与第二位观众连麦	1. 双方连麦，互打招呼 2. 观众提问 3. 琦琦回答
17	22:25	5分钟	互动引流	1. 感谢粉丝 2. 引导观众关注主播、点小爱心和小灯牌 3. 现场答疑
18	22:30	10分钟	与第三位观众连麦	1. 双方连麦，互打招呼 2. 观众提问 3. 琦琦回答
19	22:40	10分钟	结尾下播	1. 感谢粉丝 2. 下期直播预告，引导观众关注下期直播 3. 引导观众关注主播、加微信 4. 下播

以销售或宠粉为目的的直播，又可分为两种情况。一种是"分享+销讲"型直播，适用于教培、保险、微商领域的主播；一种是纯销讲型直播，适用于电商带货主播。

（2）以销售或宠粉为目的的"分享+销讲"型直播流程

"分享+销讲"型直播包括开场破冰、正式分享、痛点塑造、卖点说服、互动引流、冲动点逼单、结尾下播七个环节。

一场2.5小时左右的"分享+销讲"型直播，其参考流程如下表：

序号	开始时间	时长	环节	内容
			"分享+销讲"型直播流程表	
1		15分钟	开场破冰	1. 欢迎粉丝 2. 下期直播预告 3. 设置抽奖，介绍奖品福利 4. 引导观众转发直播间、关注主播、加微信
2		20分钟	分享第一部分	第一部分标题： 内容要点①： 内容要点②： 内容要点③： 公布抽奖活动中奖者
3		10分钟	痛点塑造	塑造一个或多个产品痛点，并详细描述 痛点①： 痛点②：
4		10分钟	卖点说服	塑造多个产品卖点，并详细描述 卖点①： 卖点②： 卖点③：
5		5分钟	互动引流	1. 引导观众关注主播、加微信 2. 设置抽奖环节，介绍奖品福利
6		20分钟	分享第二部分	第二部分标题： 内容要点①： 内容要点②： 内容要点③： 公布抽奖活动中奖者

第六章　直播统筹

续表

序号	开始时间	时长	环节	内容
7		10分钟	痛点塑造	塑造一个或多个产品痛点，并详细描述 痛点①： 痛点②：
8		10分钟	卖点说服	塑造多个产品卖点，并详细描述 卖点①： 卖点②： 卖点③：
9		5分钟	互动引流	1. 引导观众关注主播、加微信 2. 设置抽奖环节，介绍奖品福利
10		20分钟	分享第三部分	第三部分标题： 内容要点①： 内容要点②： 内容要点③： 公布抽奖活动中奖者
11		10分钟	卖点说服	塑造多个产品卖点，并详细描述 卖点①： 卖点②： 卖点③：
12		10分钟	冲动点逼单	给出多个当场下单理由（冲动点），鼓励客户尽快下单 冲动点①： 冲动点②： 冲动点③：
13		10分钟	结尾下播	1. 感谢粉丝 2. 下期直播预告，引导观众关注下期直播 3. 引导观众关注主播、加微信 4. 下播

爆款直播间

·示例：琦琦"新手如何做直播内容"主题直播，销售"行动派直播营"课程。

<table>
<tr><th colspan="5">琦琦"新手如何做直播内容"直播流程表</th></tr>
<tr><th>序号</th><th>开始时间</th><th>时长</th><th>环节</th><th>内容</th></tr>
<tr><td>1</td><td>20:00</td><td>15分钟</td><td>开场破冰</td><td>1. 欢迎粉丝
2. 下期直播预告
3. 设置抽奖环节，介绍奖品福利
4. 引导观众转发直播间、关注主播、加微信</td></tr>
<tr><td>2</td><td>20:15</td><td>20分钟</td><td>分享第一部分</td><td>第一部分：找热点话题，讲客户爱听的内容
内容要点①：讲产品的行业内容
内容要点②：在小红书等App上找高赞话题
内容要点③：演示如何用小红书找高赞话题
公布抽奖活动中奖者</td></tr>
<tr><td>3</td><td>20:35</td><td>10分钟</td><td>痛点塑造</td><td>痛点①：教培领域普遍招生难，缺流量
痛点②：没有自己的产品卖怎么办</td></tr>
<tr><td>4</td><td>20:45</td><td>10分钟</td><td>卖点说服</td><td>卖点①：送价值8000元的直播宣传海报模板
卖点②：送价值1599元的200页"个人品牌"课稿，只有当天付全款才送
卖点③：原本2个星期的服务期，升级为1年服务期，原价5980元，直播间售价3980元</td></tr>
<tr><td>5</td><td>20:55</td><td>5分钟</td><td>互动引流</td><td>1. 引导观众关注主播、加微信
2. 设置抽奖环节，介绍奖品福利</td></tr>
<tr><td>6</td><td>21:00</td><td>20分钟</td><td>分享第二部分</td><td>第二部分：找对标主播，站在牛人肩膀上
内容要点①：对标就是一种不花钱的学习法
内容要点②：拆解话术、风格、流程等
内容要点③：研究主播这件事，乐趣无穷
公布抽奖活动中奖者</td></tr>
</table>

第六章　直播统筹

续表

序号	开始时间	时长	环节	内容
7	21:20	10分钟	痛点塑造	痛点①：直播是趋势，是不能错过的风口 痛点②：想要快速提升自己各项能力，直播是很好的锻炼方式
8	21:30	10分钟	卖点说服	卖点①：学长姐直播成绩展示，很多人已赚回学费 卖点②：免费送百万直播间拆解文档 卖点③：行动派对接官方资源，优秀学员可获流量奖励
9	21:40	5分钟	互动引流	1. 引导观众关注主播、加微信 2. 设置抽奖环节，介绍奖品福利
10	21:45	20分钟	分享第三部分	第三部分：认真准备，不打无准备的仗 内容要点①：准备越充分，节奏越容易控制，销售成绩越好 内容要点②：优秀的主播都不会偷懒 内容要点③：建立自己的视频、标题、海报素材库 公布抽奖活动中奖者
11	22:05	10分钟	卖点说服	卖点①：送价值1599元的200页"个人品牌"课稿，只有当天付全款才送 卖点②：每周一更，交付不少于48节课，但为了让大家快速上手，一开始先一次性解锁10节课 卖点③：行动派对接官方资源，优秀学员可获流量奖励
12	22:15	10分钟	冲动点	冲动点①：当天付全款，送价值1599元的200页"个人品牌"课稿 冲动点②：3980元限时优惠价格，仅剩15分钟

179

续表

序号	开始时间	时长	环节	内容
13	22:25	10分钟	结尾下播	1. 感谢粉丝 2. 下期直播预告，引导观众关注下期直播 3. 引导观众关注主播、加微信 4. 下播

（3）以销售或宠粉为目的的纯销讲型直播流程

纯销讲型直播比较简单，没有分享环节，全程都是销讲。而且节奏很快，开场破冰之后，直接开始销售，5—15分钟就是一轮产品销讲。个别隆重推出的王牌产品，销讲时间一般也不超过20分钟。否则观众会不耐烦。

有的纯销讲型直播有互动引流和冲动点逼单环节，但有的直播没有明显区分这两个环节，而是把这两部分融于销讲过程中。比如设置几款超低价福利产品，只有关注主播后才能购买；或者超低价产品需要秒拍秒付，30秒内没付款就取消购买资格，把机会让给其他想买的观众；或者一开始只上少量库存，观众拍完后再现场补库存，宣称补完就没货了。实际上这就起到引流和逼单的作用。

一场时长1小时左右、销售5款产品的纯销讲型直播的参考流程如下表：

第六章 直播统筹

纯销讲型直播流程表					
序号	开始时间	时长	环节	内容
1		10分钟	开场破冰	1. 欢迎粉丝 2. 引导观众转发直播间 3. 设置抽奖环节，介绍奖品福利 4. 引导观众关注主播 5. 引导观众加微信
2		10分钟	产品1	产品名称： 产品功能： 产品价值点： 价值点①： 价值点②： 价值点③： 产品价格： 使用提示：
3		10分钟	产品2	产品名称： 产品功能： 产品价值点： 价值点①： 价值点②： 价值点③： 产品价格： 使用提示：
4		5分钟	互动引流	1. 公布抽奖活动中奖者 2. 引导观众关注主播

爆款直播间

续表

序号	开始时间	时长	环节	内容
5		10分钟	产品3	产品名称： 产品功能： 产品价值点： 价值点①： 价值点②： 价值点③： 产品价格： 使用提示：
6		10分钟	产品4	产品名称： 产品功能： 产品价值点： 价值点①： 价值点②： 价值点③： 产品价格： 使用提示：
7		10分钟	产品5	产品名称： 产品功能： 产品价值点： 价值点①： 价值点②： 价值点③： 产品价格： 使用提示：
8		5分钟	结尾下播	1. 感谢粉丝 2. 下期直播预告，引导观众关注下期直播 3. 引导观众关注主播 4. 引导观众加微信 5. 下播

第六章　直播统筹

·示例：2022年7月琦琦"美妆带货节"专场直播，邀请美妆达人骁宗做嘉宾，时长2.5小时，销售11款美妆产品。

<table>
<tr><td colspan="6" align="center">琦琦"美妆带货节"直播流程表</td></tr>
<tr><td>序号</td><td>开始时间</td><td>时长</td><td>环节</td><td colspan="2">内容</td></tr>
<tr><td>1</td><td>14:30</td><td>10分钟</td><td>开场破冰</td><td colspan="2">1. 欢迎粉丝
2. 发福袋，引导观众转发直播间和加入粉丝团
3. 截屏抽奖活动
4. 欢迎嘉宾骁宗
5. 琦琦与嘉宾互动</td></tr>
<tr><td>2</td><td>14:40</td><td>5分钟</td><td>产品1：
防晒喷雾</td><td colspan="2">产品名称：防晒喷雾
产品功能：美白提亮、防晒
产品价值点：
价值点①：富勒烯钻石结构
价值点②：成分简单友好
产品价格：原价199元，现价9.9元，限150份，整点抢购</td></tr>
<tr><td>3</td><td>14:45</td><td>10分钟</td><td>产品2：
嫩白祛斑霜</td><td colspan="2">产品名称：嫩白祛斑霜
产品功能：有斑祛斑，没斑美白，28天淡斑20%
产品价值点：
价值点①：双科学家认证版本的美白面霜，价值千元
价值点②：拿到三重认证，有数据验证
价值点③：医学论文+证书认证
产品价格：原价2瓶499元，现价3瓶499元
使用提示：适合30岁以上，适合熟龄肌肤

逼单：仅限10单，无法补库存</td></tr>
</table>

183

爆款直播间

续表

序号	开始时间	时长	环节	内容
4	14:55	5分钟	互动引流	发福袋，引导观众转发直播间和加入粉丝团 转发语：科学护肤买买买，合作了4家医学院，送价值200元的护肤品
5	15:00	15分钟	产品3：	产品名称： 产品功能： 产品价值点： 价值点①： 价值点②： 价值点③： 产品价格： 使用提示：
⋮	⋮	⋮	⋮	⋮
9	16:00	5分钟	产品7： 防晒喷雾 （同产品1）	产品名称：防晒喷雾 产品1准点秒杀，提醒大家抢购，不要多拍 产品价格：9.9元秒杀180毫升的防晒喷雾，拍完马上下架
10	16:05	10分钟	产品8：	产品名称： 产品功能： 产品价值点： 产品价格： 使用提示：
⋮	⋮	⋮	⋮	⋮

续表

序号	开始时间	时长	环节	内容
14	16:45	10分钟	产品12:	产品名称： 产品功能： 产品价值点： 产品价格： 使用提示：
15	16:55	5分钟	结尾下播	1. 感谢粉丝和嘉宾 2. 引导观众关注主播 3. 引导观众加微信 4. 下播

有了流程策划表，就能精准把控直播节奏。甚至直播时可以将流程表放在旁边，防止忘记讲关键内容。

6.1.3 引流策划：做不做预热，直播数据大不同

直播场观数据好不好，取决于两个因素。一个是前期宣传工作是否到位，吸引来的观众多不多；另一个是主题和流程设置是否精准符合观众需要，能否留住观众。相比之下，前者更重要，直接决定直播观看人数的基数。

通常里程碑型直播提前3—15天预热，日常直播提前2天预热。预热最重要的物料是海报。无论是在朋友圈还是在社群里预热，一张精美的海报都能让用户在众多信息中马上注意到它，然后用户才会关注文案。如果没有海报，或海报不够精良，预热效果会大打折扣。

直播海报上的文字包括以下内容：

爆款直播间

> 直播主题
>
> 主播介绍（主播姓名和3—5个标签）
>
> 直播时间
>
> 预约方式和预约二维码

比如"新手如何做直播内容？"这场直播，海报如下：

实际上类似的海报并不难做。一些在线设计App提供了丰富的海报模板，设计小白也能快速做出不输于设计师的海报作品。当然，为了呈现出更好的效果，你也可以付费找设计师制作。

除了海报，还需准备宣传文案。日常直播的宣传文案比较简单，

第六章　直播统筹

只需阐述一个观众痛点，告诉大家来听直播可以解决痛点即可。

在实际操作时，可以用一张"日常直播预热引流策划表"来统筹预热内容。

日常直播预热引流策划表	
模块	内容
直播海报文案	【主标题】×× 【分享者】名字+3个标签 【时间】×月×日 ×点 【预约方式】扫码关注主播 预约直播间
直播海报设计	
社群和朋友圈预热文案	

爆款直播间

· 示例：行动派直播"新手如何做直播内容"预热引流策划表。

模块	内容
"新手如何做直播内容"预热引流策划表	
直播海报文案	主标题：新手如何做直播内容 分享者：行动派琦琦 · 行动派创始人 · 视频号百万级直播间主播 · 头部教育博主 · 胡润百富"创富新势力"创业者 时间：1月20日20点 预约方式：扫码关注主播 预约直播间
直播海报设计	
社群和朋友圈预热文案	发现超多直播新手伙伴们最关心的就是，不知道怎么做直播内容。 今晚八点琦琦专场为大家解答啦，扫码预约一下，晚上来直播间学起来。

第六章　直播统筹

如果是重大直播，要进行多轮预热宣传，每次宣传的海报和文案可能都不相同，需要使用更加细化的"重大直播预热引流策划表"来统筹。

重大直播预热引流策划表		
朋友圈和社群发布时间	发布海报	发布文案

爆 款 直 播 间

·示例：行动派"美妆带货节"专场直播，提前3天预热，预热时间还专门邀请嘉宾做了一场社群分享和一场护肤知识直播分享。

朋友圈和社群发布时间	发布海报	发布文案
开播前3天 14:30		平均在线100人竟然可以产出10万GMV？ 直播营的小伙伴们有福了，我们今天邀请到Aesthetic lab（美学实验室）的创始人、美妆博主骁宗来给我们做分享，解密高转化的背后秘密。又是只开放给直播营同学们的福利课，难怪大家每次听完"加餐"课，都忍不住用土拨鼠般的声音喊一句："今年最对的投资肯定是花3980元进了直播营！" 直播营的小伙伴们记得调好闹钟准时参加哟！
开播前2天 21:00		昨晚骁宗老师的分享，大家都听了吗？有没有一种大开眼界，信心倍增的感觉？ 骁宗老师作为一名美妆博主、成分达人，在视频号护肤品领域已经跑出了千万GMV，达成每在线100人转化10万GMV的护肤品带货实绩，超级牛！ 7月15日，我们邀请了骁宗来到琦琦直播间分享极简护肤，欢迎大家一起来观摩，下一场你来带货哟！

第六章　直播统筹

续表

朋友圈和社群发布时间	发布海报	发布文案
开播前2天 22:00		15号下午，我们的第2场护肤美妆带货专场，我们选取的都是有医学背景的护肤产品，在小红书上很火的国货品牌，欢迎大家一起来！ 为探索与平台合作的直播带货的全流程，我们自己先开始尝试，到时再跟大家分享经验哟！同时，我们还准备了超多福利惊喜给大家，届时还有9.9元秒杀活动！ 扫码进群，我们准备的惊喜还不止上面这些……
开播前1天 11:00		海报推出不到24小时，已经超过1000人预约进群！ 琦琦"7·15"国货护肤带货专场，千万GMV助播骁宗亲自坐镇！ 想要学习如何直播带货，想要学习护肤知识，想要入手价廉物美的国货美妆产品，赶紧预约进群，一起观摩拆解学习……

191

续表

朋友圈和社群发布时间	发布海报	发布文案
开播前1天 21:00	(海报：科学护肤知识分享 成分党看过来 07.14 21:00)	骁宗老师今晚6点的飞机落地深圳，立刻赶到琦琦直播间，助阵明天的"国货护肤卖货专场"！ 骁宗老师作为一名成分知识达人，在视频号护肤品领域已经跑出了千万GMV。赶紧进来直播间，抢先学习极简护肤攻略！

好的开始是成功的一半。做好主题、流程、引流这三大模块的策划准备，直播时就能按部就班，保证80%的直播效果。

剩下20%，就要靠直播执行来完成了。

6.2 直播执行期：SOP比个人经验更可靠

如果把直播比喻为一场考试，那么，考前复习准备固然是决定考试成绩的最重要因素，但考试时的心态和是否有失误，也会对考试成绩有很大影响。

本节将从端正直播心态和降低直播失误两个方面，来提升直播成功率。

6.2.1 正心正念：直播发心决定直播能量

做任何事情，起心动念是最重要的根本，决定事情的走向和成败。直播也是如此。技巧、方法、话术都属于"术"的层面，直播的发心才是"道"之所在。发心决定个人能量场。主播的能量场对，整个直播间氛围会更好；能量场不对，直播中就会感到异常吃力。

很多人做直播是为了销售创收。这没有问题。但是，直播发心一定要把助人放在第一位，业绩放在第二位。

业绩是结果。如果你的直播能为观众提供有价值的内容和产品，让观众收获满满，自然会得到金钱反馈，观众也会乐于帮你宣传分享。而且主播花几小时做了一件有意义的事，精神上也会感觉充实，很有价值感和幸福感。这种精神状态又能感染观众，形成良性循环。

反过来，如果急于求成，一味追求业绩，每天连续几小时的直播分享就会是一件很辛苦的事，会不由自主地计较自己的付出和得到。这样的心态，观众也能感受到。结果越想赚钱，离钱越远。

技巧、话术等直播的"术"尚且要经常练习，更重要的"道"岂可不为它专门拿出时间。

行动派提倡"正念直播"。每次直播开始前10分钟，给自己做一场正念的"头脑风暴"，提醒自己回归直播正确发心，为自己调频转念。如果有团队一起配合直播，最好带领团队一起做正念调频。

下播之后，做复盘之前，也要拿出几分钟时间，问问自己这场直播是否实现了自己的初衷。

在直播前和直播后，不妨用下面几个问题来问问自己，看看自己的内心：

> **直播前**
>
> ·这场直播,你想在哪些方面帮助大家?想达到什么效果?
> ·如果观众今天并没有在你的直播间下单,你希望他们能从你这里得到什么收获?
>
> **直播后**
>
> ·你在这场直播中心态如何?状态如何?现在的感受如何?
> ·这场直播达到你希望达到的效果了吗?

如果每场直播都能正确发心,直播本身就会成为滋养你成长的沃土。越直播,越快乐,越强大。

6.2.2 执行清单:将直播失误率降到最低

一场直播涉及硬件设备、内容流程、场景道具、人员配合、销售发货等多个层面。如果有连麦嘉宾,还需涉及与嘉宾的沟通配合。千头万绪,再强大的主播也难免有失误的时候。

其实,像我们这样从零开始、自己一路摸索成长起来的主播,都曾有过不少直播失误,甚至是低级失误。失误不要紧,要紧的是杜绝第二次失误。只要犯过的错不再犯,失误就会越来越少。

主播都应该有一份"直播执行检查清单",用来记录那些最容易遗漏和失误的事项。每出现一次失误,就把该事项加入清单中。每次直播前,对照清单检查一遍,做到了就打钩。这样就能确保万无一失。

下面这张清单,是我们在多次直播实践中总结出来的,包含18项易失误事项。你可以在此基础上再不断完善优化。

第六章　直播统筹

直播执行检查清单		
序号	项目	是否做到
1	开播前，检查灯光是否到位	
2	开播前，检查手机是否充电	
3	开播前，按照物料清单逐一核对确认	
4	开播前，手机关闭语音电话提醒，调至静音模式	
5	开播前，准备好录音设备，检查电量和存储空间足够	
6	打印好"直播流程表"放在手边，严格执行	
7	一开播就开始录音	
8	开场提醒设定下一场直播预约	
9	记得引导观众转发	
10	记得介绍福利优惠和尾款优惠	
11	记得展示中奖领奖二维码	
12	评论区评论回应	
13	评论区精彩评论上墙	
14	带货时，记得点击讲解商品链接	
15	记得引导观众将直播分享到朋友圈、社群	
16	记得引导观众加主播微信	
17	记得公布中奖人名字和对应礼品	
18	强调加微信并分享所能获得的福利内容、福利派发人和暗号	

直播是由无数个细节组成的。把每个细节都做好,直播自然就能成功。

6.3 直播复盘期:高手快速成长的秘密就是复盘

复盘一词原本是围棋术语,意思是下完一盘棋后,回顾每一步落子,分析哪里下得好、哪里下得不好,以后改进。这样做能充分利用每一次实战,迅速积累经验。

而今,复盘的理念被应用到各个领域,发挥更大的作用。直播也是如此,善于复盘的人和不做复盘的人,成长速度能相差十倍、百倍。

本节将介绍如何复盘一场直播,包括复盘自己的直播和复盘他人的直播。

6.3.1 复盘自己:总结得失成败,迅速迭代成长

复盘自己的直播,主要是复盘数据表现,分析哪些直播动作对数据有正向影响,哪些有负向影响。

需要重点关注的数据包括实时在线人数、实时新增关注人数、实时加主播微信人数、直播时长、下单数、销售金额等。各个数据及其意义如下表:

第六章　直播统筹

直播数据复盘表

类别	数据	意义
实时数据	实时在线人数	当前直播内容吸引力
	实时新增关注人数	1.当前直播内容吸引力 2.主播引导观众关注的话术效果
	实时加主播微信人数	主播引导观众加微信的话术效果
	实时下单数	当前销讲内容销售力
整场数据	直播时长	日常直播还是里程碑直播
	开播在线人数	直播预热效果
	平均在线人数	1.直播内容吸引力 2.与销售数据对比，分析销售效果
	最高在线人数	1.直播内容吸引力 2.直播时段选择是否合适
	新增关注人数	1.直播内容吸引力 2.主播引导观众关注的话术效果
	加主播微信人数	1.直播内容吸引力 2.主播引导观众加微信的话术效果
	下单数	1.直播销售力 2.客群购买力
	销售金额	1.直播销售力 2.客群购买力

要注意的是，只看单一数据或单场直播数据，分析不出任何结论。复盘数据应该看对比数据、实时数据变化趋势和异常数据。

爆款直播间

（1）对比历史数据，设定合理目标

视频号后台有过往所有场次的直播数据，很容易计算出每个数据的平均值。这个数据能帮助主播合理设定下一场直播的目标。

比如，过往平均每场新增关注100人，那么下一场可以设定新增关注目标为120人，比平均值高一点点。为了达到目标，可以增加引导关注的频率、改变引导关注的节点，或者优化引导关注的话术。

等直播结束后，再来看120人的新增目标有否达到。若达到，说明新措施有效，以后可以朝这个方向继续提高目标，优化措施。若未达到，说明新措施还需改进。长此以往，就能慢慢总结出最有效的引导观众关注直播间的方法。

（2）用实时数据变化趋势指导直播

直播过程中，数据必然有起有伏。视频号后台能看到各种数据在一场直播中的走向趋势，帮助主播了解正常的数据变化是什么样。

直播时，最好安排一名运营人员盯住实时数据变化，及时发现异常，并提醒主播。

比如，发现在线人数迅速增加，提醒主播及时欢迎新观众、发放关注福袋等，留住新观众。发现在线人数持续下跌，说明当前内容观众不感兴趣，提醒主播增加互动或发个福袋，让直播间氛围"热"一下，或者换个话题聊。发现后台订单数持续上升，可以提醒主播乘胜追击，继续推动观众下单；反之，则提醒主播切换营销卖点话术，看看哪种话术更能打动观众。

尤其是带货直播场，运营需要频繁与主播配合，紧密关注每款产品各个型号的库存、拍下未付款人数、已付款人数等数据，便于主播适时抛出逼单话术。这很考验运营的临场反应力、与主播的默契度和对数据的了解程度。主播与运营需要通过多场直播逐渐磨合。

（3）回溯异常数据，找到原因

下播之后，要回溯这场直播的峰值和低谷，复盘当时主播做了什么，运营做了什么。找到数据背后的原因，才有利于后续优化。

比如，回溯发现开播45分钟时有一波关注主播的小高潮，那时主播正讲到个人故事的一个转折点，还抛出了一个金句。那么可以判断是那个金句打动了观众，让观众对主播产生共鸣，才会纷纷关注主播。以后在直播中可以增加金句频率，讲一段内容就总结一个金句。

还要关注特别反常的数据。比如有一次我们的一个主播在快下播时，直播间的在线人数反而不断上升。这很反常，因为一般在线人数会随时间推移慢慢下滑，临下播前下滑更快。翻看直播回放后发现，原来当时她的先生意外入镜，夫妻俩短暂互动了一下。说明观众对主播的亲密关系很感兴趣，以后有机会，可以让主播的先生再上镜。

主播要把复盘数据当作直播必做环节之一，养成习惯，才能不断精进，留住观众。

6.3.2 复盘他人：拆解他人案例，获取成功经验

复盘不仅可以用在自己身上，也能用在别人身上。复盘其他优秀主播的直播案例，是不花钱学习直播的好方法。

复盘他人直播要"四线并进"，流程线、产品线、互动线、销售线都拆解详细，才算是一次完整的复盘。

（1）流程线

本章6.1.2小节中讲到三种直播的流程策划表。复盘流程线也要使用这三张表，不过使用方法是边看直播，边在模板中填写各个环节的开始时间、时长和主要内容。先判断下直播属于涨粉分享型直播、"分享+销讲"型直播还是纯销讲型直播，再使用对应的模板表。

成熟主播的流程节奏是经过几十次、上百次直播后总结出来的对调动观众情绪、促进客户下单最有效的节奏，可以直接对标学习。

三个模板及示例见6.1.2小节，此处不再赘述。

（2）产品线

复盘带货直播，需要把购物车里的产品及其价格、销量都记录下来，以便分析产品矩阵构成、定价策略和客户喜好。开播时截图记录一下各产品链接上标注的销量数字，下播前再截图记录此时的销量数字，两者之差就是本场销量。或者在讲解的时候，会有显示"热卖××份"，也可以记录为销量。

直播产品线复盘表					
序号	产品名称	价格	定价策略	本场销量	
1					
2					
3					

第六章 直播统筹

· 示例1：琦琦"新手如何做直播内容"直播产品线复盘。

"新手如何做直播内容"直播产品线复盘表

序号	产品名称	价格	定价策略	下播时销量	本场销量
1	行动派直播营	3980元	1.原价5980元，直播间优惠价3980元 2.可以先付定金1000元	227	90
2	个人品牌私教课	45000元	1.原价60000元，直播间优惠价45000元 2.可以先付定金5000元	67	2

这场直播为"分享+销讲"型直播，产品比较简单，只有两款。它们的价格明显属于两个档位。"行动派直播营"是主推产品，本场直播主题也是为销售这款产品而设计。但有少数客户不想上训练营，他们更愿意付高价购买更有针对性、效率更高、服务更好的私教课。所以也挂上"个人品牌私教课"的链接，满足这部分人的需求。

而且，"个人品牌私教课"的价格可以作为对比，让"行动派直播营"的3980元价格显得不那么高。

不过，即便有对比衬托，3980元在直播间产品售价中依然属于高价位。所以主播又推出预付定金方案。定金价格跟原价也形成对比，显得定金很划算。就这样，通过多重价格对比，一点点融化用户的价格心防。

爆款直播间

· 示例2：行动派"美妆带货节"专场直播产品线复盘。

琦琦"美妆带货节"直播产品线复盘表

序号	产品名称	价格	定价策略	本场销量
1	防晒喷雾	9.9元包邮	1.原价199元，直播间9.9元包邮 2.限150份 3.整点抢购	
2	嫩白祛斑霜	3瓶499元	1.原价1瓶299元，2瓶499元，现价3瓶499元 2.每人限购3瓶	
3	咖啡因眼霜	3盒358元	1.原价1盒259元，直播间3盒358元 2.20克大容量，平均每10克才59元	
4	抗衰视黄醇面霜	1瓶259元	1.琦琦现场砍价，砍到259元/瓶 2.限100单	
5	积雪草精华液	3瓶288元	1.原价1瓶288元，直播间3瓶288元，花1瓶价格买3瓶 2.库存很少	
⋮	⋮	⋮	⋮	
11	痘印橡皮擦	1盒118元，4盒188元	……	

这场直播是纯销讲型直播，共销售11款美妆产品。这是琦琦的首场带货直播，而且还是品牌联合直播，需要冲销量和销售额。所以选品涵盖美妆各个细分品类，且每个品类只选一个爆款产品。

11款产品中，有1款防晒喷雾是特价引流品，开场先介绍它，并且在开播时、开播1小时后各做了一次整点秒杀。目的是吸引观众进直播间，并留住观众。其他10款产品定价在99元到499元之间，属于直播间美妆类比较畅销的价位区间。

整体来看，使用最多的定价策略有3种：

> 价格均以8或9结尾：让客户心理上感觉价格更便宜。99元和100元只相差1元，但客户感知却是两位数和三位数的差别。
>
> 多件捆绑售卖：厂商有充足的让利空间，客户也会感觉多买更划算。这一招提升销售量和销售额很有效。
>
> 使用价格对比：每款都有原价和直播间价、单件价和多件价的对比，刺激客户立刻买、多买。

除此之外，直播还使用了现场砍价、限量购买、赠品、预售等多种定价策略，不断带给观众新鲜感，给观众以优惠多多、物美价廉的整体印象。

（3）互动线

一场直播有20%—30%的时间是主播与观众的互动时间，占比不低。互动对涨粉和活跃直播间气氛非常重要。

按照下表中的互动任务分类，摘录直播中相应的话术，并做拆解。

爆款直播间

	直播互动线复盘表		
序号	互动任务	主播话术	话术拆解
1	预告下期直播，引导观众预约		
2	引导观众关注主播		
3	引导观众加企业微信		
4	引导观众转发直播间		
5	引导观众互动评论		
6	介绍奖品		
7	抽奖		
8	引导观众加入粉丝团		
9	直播间道具介绍		
10	回复观众评论		

第六章 直播统筹

·示例：行动派"新手如何做直播内容"直播互动线复盘。

"新手如何做直播内容"直播互动线复盘表

序号	互动任务	主播话术	话术拆解
1	预告下期直播，引导观众预约	·来，现场所有的小伙伴可以先点击预约下一场的直播，下一场是周日晚上。 ·如果你不想错过我们周日的直播，可先点击预约，届时你会收到预约提醒。 ·下一场直播是周日，每周二、周四、周日，我们都有直播。	·反复强调时间点。 ·站在观众角度，为观众着想。 ·告知直播安排，培养粉丝观看直播的习惯。
2	引导观众关注主播	·大家可以点击一下屏幕上方的小黄心，就可以成为"7家人"。 ·所有现场的小伙伴是不是觉得琦琦都跟你们讲大实话？喜欢我就关注我，还没有关注我视频号的，全部关注一下。 ·第一次来到直播间的扣1，点一下这里，然后关注一下。（边说边演示）	·反复要求大家关注。 ·特别要求新观众关注。 ·演示具体的关注步骤，防止有观众因不会操作而不关注。 ·给粉丝团取名"7家人"，让粉丝有归属感。
3	引导观众加企业微信	·中奖的同学，加一下微信，我现在来给你们一个链接，方便你们直接加。中奖的小伙伴把快递地址发过来。 ·我在直播间推送了一个企业微信，大家可以加一下，加我企业微信会送××。	·用抽奖中奖引导观众加企业微信，成功率高。 ·用送福利吸引未中奖的观众加企业微信。
4	引导观众转发直播间	·转发一下，转发语写"77有干货"。 ·已转发并且是"7家人"的小伙伴，在评论区打上一个"已转发"，随机抽两本书送给大家好不好？ ·转发的小伙伴，你要真的转发哟，不然的话自己种的种子就不好了，所以你们自己转发就写"77有干货"转发到你的朋友圈。 ·转发给闺密，转发给你身边也想做直播的人，转发到你的一些同学群。	·简单又让人秒懂的转发语，能降低行动门槛。结合抽奖，让观众更有动力去做。 ·让已转发的观众在评论区打"已转发"，利用从众心理，刺激更多人转发。 ·提醒观众要真转发，否则会有不好的影响。 ·告诉观众可以转发给谁，给观众一个转发的理由。

爆款直播间

续表

序号	互动任务	主播话术	话术拆解
5	引导互动评论	·来把这句话打一下，"一手抓专业，一手抓自媒体"。把这句话打一下。 ·把这句话打出来，"直播都是可以提前准备的，所以提前准备的内容就不难"，对吧？ ·觉得刚才有学到的给打一波小灯牌，打一波小灯牌，谢谢大家。	·有意识地强调金句，并让观众打在评论区，提升活跃度，为销售做铺垫，还能让大家对分享内容记忆深刻。 ·让客户行动是一种占领客户心智的方法，让客户行动越多，他对你信任越多。
6	介绍奖品	·我给大家送的这个礼物是珍珠戒指，这是今天晚上留给"7家人"的礼物。这个戒指也是有证书的，都是真正的珍珠。 ·我还给大家准备了非常好看的链子，这是一条有两颗珍珠，重4克的珍珠项链，过年时你就可以带了，非常好看。 ·我送给大家的珍珠，大家如果自己去市面上买，接近四位数的。 ·这是有质检证书的真正的珍珠。所以大家拿到这个礼物以后，可以放心地戴。	·反复强调奖品的几个价值点——真珍珠、有证书、市场价四位数，让观众有种抢到就是赚到的感觉。不要怕重复讲，如果奖品很好，观众不会烦。 ·奖品都这么好，直播分享的内容和售卖的产品当然也不差。观众心理上会这样联想。
7	抽奖	·今晚依然有礼物送给大家，送的还是珍珠饰品。这个珍珠戒指就是留给"7家人"的礼物。大家还是喜欢珍珠，对吗？ ·你就转发一下，转发语写"77有干货"，有转发并且是"7家人"的小伙伴，我晚点会从你们中抽出幸运小伙伴。 ·点击屏幕上方的小黄心，就可以成为"7家人"。今天晚上我们这几份礼物只送给"7家人"，福袋是人人都有的。 ·每场直播我都送珍珠饰品，所以有人问我什么时候卖珍珠饰品。我不卖，只送。 ·我在今天下单的小伙伴里面抽一位送珍珠饰品，好不好？	·猜测粉丝的喜好，有互动感。 ·借助抽奖，要求大家做出行动（转发）。 ·区分"7家人"和"非7家人"，分别送不同礼物，照顾到两边的情绪。 ·告诉观众如何成为"7家人"，步骤很简单，有奖品刺激，观众更愿意行动。 ·告诉观众每场都送珍珠饰品，吸引观众来看。 ·给下单的粉丝特别福利。

第六章　直播统筹

续表

序号	互动任务	主播话术	话术拆解
8	引导观众加入粉丝团	·1000积分进入VIP群。 ·排名前10送××课。 ·不对，××还不是"7家人"，太可惜了。还没点小黄心的赶紧点一下做"7家人"，只有"7家人"才能中奖，不是"7家人"的小伙伴送福袋，只有"7家人"有资格参加抽奖。 ·我们下个星期要开始拉群了，只要是亲密度过1000的小伙伴，我们就会拉你进群，琦琦会在那里陪你过年！	·粉丝团是促活跃和筛选铁粉的有效手段，设置层层激励，给不同活跃程度的粉丝不同福利。 ·只有粉丝团才能参加抽奖，非粉丝团的观众，即便抽中也不能得奖，严格执行。 ·用VIP群激励大家提升亲密度积分。
9	直播间道具介绍	·给你们看一下我的小工具，就是这个小铃铛，小铃铛就是我做抽奖的时候用的，想要有一点仪式感，对不对？	·介绍自己手边的道具，显示自己为直播用心准备。
10	回复观众评论	·对，琦琦直播间小工具清单。 ·好，预备，继续刷起来。已转发两次。好，第三次，已转发三次。	·随时回答观众提问，有种琦琦随时在跟屏幕对面的闺密讲话的感觉。 ·重复观众说的话，让观众上墙，互动效果拉满。

通过拆解，找到话术的精髓，用到自己的直播中。

（4）销售线

前面讲过，直播销讲核心是讲出痛点、卖点和冲动点。拆解销售线，就是拆解这三部分话术。

同类产品的痛点、卖点和冲动点大多是相似的。多拆解同类产品带货主播的销讲话术，你就会积累起自己的痛点库、卖点库和冲动

爆款直播间

点库。

按照产品维度，每款产品的痛点、卖点和冲动点填写一张复盘表。

××产品销讲点复盘表		
序号	痛点	话术要点
序号	卖点	话术要点
序号	冲动点	话术要点

第六章　直播统筹

通常来说，如果售卖知识产品，产品种类较少，每款产品的痛点和卖点较多。素宣拆解过"行动派直播营"，有14个痛点，28个卖点。

·示例：对行动派售卖"行动派直播营"进行复盘，篇幅所限，这里只展示5个痛点、5个卖点和3个冲动点。

"行动派直播营"销讲点复盘表

序号	痛点	话术要点
1	教培行业普遍缺流量，招生难	·教培行业销售真相是，课好不一定卖得好，教培人要专业和自媒体两手抓 ·没有长期经营的自媒体和私域，迟早会遇到流量困局 ·直播是当下唯一的破局之路
2	普通人赚钱难	·赚小钱靠能力，赚大钱靠趋势 ·直播是当下离普通人最近的趋势 ·错过朋友圈和公众号红利，不要再错过直播红利
3	自己没有产品可卖	·人人都能卖书，直播营有专门课程教你怎样从0开始 ·书卖得好的小伙伴，直播营帮忙链接出版社和作者，放大个人势能，积累人脉 ·有些类目书籍利润高，如绘本，很适合妈妈群体
4	普通人缺少资源	·行动派有官方服务商资格，可以直接对接官方，拿到流量扶持，优先提供给直播营学员 ·个人很难直接获得官方扶持 ·案例：有一期的学员获得官方推流，一场直播销售额达到35万元
5	拖延症，怕买了课不学	·买课时热血沸腾，买完课偃旗息鼓，害怕自己会是这样 ·加入一个群体，大家一起卷，不怕你不卷

209

爆款直播间

续表

序号	卖点	话术要点
1	海量课程	·入营直接解锁10节课,后续每周更新一次,全年至少48节课
2	少走弯路	·把我们所有花大代价走过的弯路写在课程里,甚至有些花几万、几十万元的弯路都写在里面,看了就是赚了
3	超值定价	·直播营的课程、服务、资源,卖39800元都不贵,都会有很多人买,但是现在只卖3980元
4	学员成果	·小武:1993年生人,现为百万级直播间操盘手、教研高手 ·顾里:4场直播销售15万元 ·李菁:1个月赚到50万元 ·麦子:一晚直播卖出35万元 ·叶小鱼:2次直播卖出8万元课程
5	顶流师资	·市面上唯一一个百万级别主播开课教你做直播 ·跟有成果的人学习,进步最快

序号	冲动点	话术要点
1	报名送价值1599元课稿实体书	·几百页的课稿本 ·只送给当天付全款的人
2	早报早享受	·越早买越好,一开始报名14天训练营的同学,现在都免费升级了
3	库存少,随时抢光	·库存没了,又卖完了,那再上5个吧

同时复盘流程线、产品线、互动线、销售线,任务量很大,一个人很难在短时间内全部做完。建议团队分工,每人负责一部分,最后再整合到一起。比如素宣就组建了一个拆解团,经常带着成员拆解大

第六章　直播统筹

咖的里程碑直播。

如果暂时只有自己一个人，可以"分而治之"，一场直播专注复盘好一条线。一个主播的直播风格都类似，多复盘几场，也能达到效果。或者可以反复观看直播回放，看一遍复盘一条线，多看几遍，完成深度复盘。

本章介绍的使用SOP进行直播统筹的方法，既是做事方法，也是学习方法。在直播成长道路上，复盘发挥的作用，比做直播本身还要大。因为它不仅能从自己的实践中学到经验，还能把别人的经验也化为己用。勤做复盘，快速迭代，你一定能成长飞快。

第 七 章

直播+私域：

做好六项精进，
N倍放大直播成果

在直播中，如果我们想要做好一场直播，就必须在六个层面进行不断的努力和优化，包括企业微信、朋友圈、社群、短视频、公众号、私聊，才有可能让我们的直播越来越好。

所以，我们把做好直播的这个过程定义为直播的"六项精进"。这个词其实来源于世界经营之圣稻盛和夫先生所著的图书《六项精进》，我们希望借用这个词来传递出直播的真正意义。对我们来说，直播六项精进不是工作，而是功课。

很多人做直播，会把它当成工作。工作和功课有什么区别的呢？如果我们仅仅把直播当成工作，把它当作一项任务去完成，那我们通过它所获得的成长就是有局限性的；如果我们把直播当成功课，当作一种修行，那我们就会在里面慢慢修炼，不断成长。最终我们获得的工作结果和成绩也是不一样的。

稻盛和夫先生曾说过，要付出不亚于任何人的努力。很多人可能不是很能理解，觉得那么努力干吗，就为了那点薪水吗？我能让我的家人或者身边的人过得幸福，不就够了吗？

第七章　直播+私域

但这远远不够。如果有一天你的努力不是为了任何人，只是为了努力本身的时候，你就已经把努力当成功课了。什么叫功课，功课就是习惯，它变成你的习惯，你根本不需要一个结果，不需要观众的好评，不需要多少成交额，不需要同行的表扬，你努力仅仅就是为了努力本身。一旦你将工作变成了功课，你就会开始修心，你的心会变得安定，你就会非常专注、非常有成果、非常有力量。

拿扫地打个比方，如果一个人仅仅把扫地当成一个工作任务，那他可能就是一个环卫工人，永远都是在完成环卫工作。如果他把扫地当作修行，在认真清扫的同时，不断思考，不断改进，不断成长，那他就不止完成了自己的工作，他还扫除了内心的烦恼、内心的尘埃，他就成了一个"扫地僧"。

很多人在日常工作或做事情的时候，都是心存杂念，不够专注的。他们可能会想，我热爱这个工作吗，我做这个之后可以得到什么，我做这个究竟是为了什么。当我们总是被这些困扰着的时候，就会很累。

直播也是一样，有些人在做直播的时候会想很多，比如，每天发朋友圈究竟是为了什么，做私域到底是为了什么，每天做直播究竟是为了什么。当我们一直考虑这些的时候，就会很累。直播事业刚开始起步的时候，可能会出现很多不同的问题，比如，朋友圈没有人回复点赞，群里没人说话，直播没人看，等等。如果你在直播时总是被这些问题困扰，看不到工作成果，你就会没有动力继续做下去。但是，当我们真正把工作、把直播当成功课的时候，我们是不带任何目的性的，我们努力只是为了修行，在这个过程是让人非常享受、非常开心的。

很多人创业或者做直播，总会想要有什么科学的方法论。要有什么创业逻辑和方法，其实不需要，稻盛和夫先生已经告诉我们了，努力本身，就是最高明的经营诀窍。比如发朋友圈需要你的努力，经营私域需要你的努力，准备内容需要你的努力，直播也需要你的努力，仅此而已。当我们足够努力、足够专注、足够投入的时候，便不会觉得日复一日的直播六项精进工作很苦很累。此时，直播的六项精进工作就成了功课，成了修行，成了我们需要每天努力去做的事情。慢慢地，我们在六项精进中付出专注和投入也会带给我们意想不到的结果。

接下来，我们就来详细说说，我们在日常的直播过程中，应该如何去做好六项精进的细节工作。

7.1 直播+企业微信：最高效的用户沉淀链路

直播是一个引流窗口。很多人都有引流意识，知道要引导观众加微信，把新流量沉淀到自己的私域里。但是加哪个微信呢？绝大多数主播会让观众加个人微信。殊不知，企业微信才是更高效的承接平台。

从使用体验上来说，企业微信和个人微信差不多。但前者是商业目的，用于公司和员工办公；后者面向个人，用于个人社交。因此二者功能有一些差别。在承接流量和私域运营方面，企业微信更加出色。

第七章 直播+私域

（1）高效加好友

别人加你好友时，企业微信可以自动通过，无须等你手动确认。还可以设置自动发送，通过后，自动将你的自我介绍发送给对方。使用企业微信，一天可以加几千人。而如果用个人微信一个一个手动通过，几天都未必能做完。

（2）高触达率

企业微信的触达率是100%。来自企业微信的消息会直接显示在聊天列表中，未读信息会有小红圈数字提示。而且同一时间接收的信息，来自企业微信的信息会排在最上面。

（3）完善数据后台

企业微信可以统计客户数据、群聊数据，方便分析客户和社群的新增、活跃和流失情况。还可以给每个客户打标签。群发时，能一键选择只发给带某个标签的客户。

（4）高效交接

如果员工离职，管理员可以将该员工账号中的客户迁移到其他员工账号中，由其他人继续跟进。

企业微信有这么多优点，主播一定要把企业微信用起来。我们总结出一条微信生态圈中最高效的引流转化链路：

> 直播间/公众号/裂变活动等引流途径—企业微信—个人微信—社群

爆款直播间

具体做法是，让从直播间、公众号、裂变活动等途径来的新客户，先扫企业微信二维码，加你的企业微信。然后利用企业微信自动回复功能，马上自动给新客户发自我介绍和个人微信号，让客户再加你的个人微信。最后，用个人微信把客户拉到社群里。这样，新客户一次就能沉淀到企业微信、个人微信和社群3个私域里。

私域运营，最重要的是能触达客户。客户沉淀的位置越多，你能触达他的机会就越多。上面这条转化链路，是能让新客户一次性沉淀位置最多的链路。

如果让客户先加个人微信，再邀请他加企业微信，大部分客户不会加。因为客户会觉得有个人微信就够了，没必要再加一个企业微信。但反过来，先加企业微信，再邀请加个人微信，客户心理上会觉得企业微信是提供服务用的，而个人微信离你真人更近。大部分客户愿意加。

不过，尽管企业微信有种种好处，却也有一点比不上个人微信。那就是，个人微信发朋友圈没有限制，而企业微信发朋友圈，每个客户每天最多收到3条，一个自然月内，每个客户最多收到4条。

这相当于切断了通过企业微信朋友圈做营销的可能。而朋友圈营销在整个私域运营中占有相当重要的地位。尤其是没有粉丝基础的新人，从朋友圈开始经营私域，是成本最低、见效最快的途径，几乎无可替代。

直播营有位素人学员安安，她的朋友圈只有500人。一开始做直播时，她的唯一宣传途径就是朋友圈。直播间平均在线人数仅13人。但就靠这么少的在线人数，她精心设计直播销讲话术后，居然成交了5单，收入54 800元，客单价超过万元。

如果没有这500人的朋友圈基础，想在短时间内直播创收5万多元，几乎不可能。安安的基础并不算高，大部分人朋友圈里都有至少几百位好友。有一点朋友圈基础，再加上直播技巧，就很容易出成绩。

所以，在引流转化链路中，客户加了企业微信后，依然有必要再引导他加个人微信。

下面来讲朋友圈如何做营销。

7.2　直播+朋友圈：巧妙晒单，越晒越有单

朋友圈是一座大金库，只是绝大部分人没有好好挖掘它，浪费了这个离财富最近的机会。

素宣是少数把握住机会的人之一。她在接触直播之前，从上班族转型做知识付费讲师，第1年就通过朋友圈营销获得七位数收入。并且从那之后每年都能保持这个收入，一直到今天。她开始直播后，3个月就做到平均在线40人、销售额60万元的业绩。凭借的就是朋友圈经营打下的良好基础。

素宣的朋友圈中，生活内容与营销内容的比例约为4∶6。产品大促期间，这个比例会变成1∶9。如此高的营销内容占比，而且她的营销内容还很长，每条至少200—500字，客户却很喜欢看。很多人专门来加素宣好友，就是为了看她的朋友圈。她是怎么做到的呢？

拆解一下就会发现，素宣的营销内容有一个固定模板。这个模板与直播间销讲话术很相似，都是痛点、卖点与冲动点的组合。

比如这条营销"行动派直播营"的营销文案：

"每次直播只会讲干货，如何丝滑卖货不尴尬？"

学员有严重的营销卡点，总不好意思卖货，听完我们的"轻松做直播"课程之后，对于直播销售再也没有之前的顾虑，打算进直播营好好感受一下直播销售的氛围。

事实上，卖货是主播的基本素养，我们经常看到主播不厌其烦地在直播间拉关注、引导转发、送粉丝灯牌，其实就是主播的最基础最基本的功力。

而且直播卖货还是一个技术活，想要直播卖货卖得好，我们直播营真心给了太多方法与思路。

N节大课剖析，还有不定时加餐课，小伙伴随时随地的经验分享，更有我们赋能的卖货IP活动，资源互动，一揽子方法帮助你学到做到做出成绩。

简直不能再香了！

现在报名还能拿到我们的直播拆解SOP手册，里面满满都是卖货具体的方法与步骤。

想要提升直播销讲能力的你，不妨来加入我们视频号直播营，一个来了以后只会觉得来晚了的地方。

赶紧来把大把福利一口气抱回家，现在就来私聊我吧！

这是一条晒单文案，可以拆解成四个部分：

第七章 直播+私域

朋友圈晒单文案模板表	
痛点问题	每次直播只会讲干货,如何丝滑卖货不尴尬?
痛点场景	学员有严重的营销卡点,总不好意思卖货,听完我们的"轻松做直播"课程之后,对于直播销售再也没有之前的顾虑,打算进直播营好好感受一下直播销售的氛围。
产品卖点	事实上,卖货是主播的基本素养,我们经常看到主播不厌其烦地在直播间拉关注、引导转发、送粉丝灯牌,其实就是主播的最基础最基本的功力。而且直播卖货还是一个技术活,想要直播卖货卖得好,我们直播营真心给了太多方法与思路。 N节大课剖析,还有不定时加餐课,小伙伴随时随地的经验分享,更有我们赋能的卖货IP活动,资源互动,一揽子方法帮助你学到做到做出成绩。 简直不能再香了!
冲动点	现在报名还能拿到我们的直播拆解SOP手册,里面满满都是卖货具体的方法与步骤。 想要提升直播销讲能力的你,不妨来加入我们视频号直播营,一个来了以后只会觉得来晚了的地方。 赶紧来把大把福利一口气抱回家,现在就来私聊我吧!
发文配图	与客户聊天的截图、客户付费截图、课程海报、福利海报等

先提炼一个客户普遍会遇到的痛点问题,抓住客户注意力。然后详细描述这个痛点的场景,描述得越详细,客户越能感同身受。接着给出解决方案,也就是产品卖点。最后用冲动点鼓励客户尽快下单。

素宣所有的朋友圈营销文案,都以这种晒单的形式出现。这样做的好处是营销感比较弱,故事性比较强。它更像一种即兴闲聊,分享一件发生在自己身上的事,"我又卖出了一个名额,这个学员的情况是什么什么样",非常真实。即使是没有购买意向的人,也可以当作

爆款直播间

一个故事看，心理上并不排斥。

素宣几乎每天都会发一两条晒单文案。长期看她的朋友圈，不自觉就会想："她真厉害，总有人找她报课。那是不是说明她的课真的很好呢？我也关注一下吧。"而素宣每门课都有一个至少100条的痛点库，每次写晒单文案，都会从中挑选一个作为痛点问题。这么多痛点，总有一个能击中客户。

所以素宣的朋友圈转化率非常高，朋友圈里80%的人都成了她的付费学员。并且很多人还会一再复购她的课程。

把上面的晒单文案模板稍微改变一点，前面加一句"×××课报名+1"或"×××购买+1"，就很适合用在产品大促期。

产品大促期间，可以频繁晒单，每新增一单就发一条，营造热销氛围。如果产品有限时特价或阶梯价格，饥饿营销感会更强，很多还在犹豫的人会忍不住出手购买。

比如素宣做课程大促，一共20个特价名额。她隔一会儿就发一条朋友圈说，又卖出3个名额，又卖出5个名额，还剩10个名额，卖完就涨价。一天能发10条。

虽然发得多，但每一条都是有凭有据的真实故事，并不是生硬的广告。粉丝仿佛能看到素宣坐在电脑前，一个一个回复客户咨询，卖出一个又一个课程名额，每卖出一个就编写一条朋友圈文案。粉丝会感受到这个售卖过程是真实的，不是素宣刻意营造出来的饥饿营销。所以效果非常好，每次都能卖出十几万元甚至几十万元课程。相当于发一条晒单文案就赚到几千元。

等大促结束后，素宣会删掉大部分晒单文案，只保留一两条。这样朋友圈又会干干净净。新加的好友翻看她的朋友圈时，不会被铺天盖地的营销内容冲击到反感。

素宣的心得是，不要害怕晒单，朋友圈越晒越有单。原因很简单。晒单相当于产品介绍和客户评价二合一。有购买意向的客户，不会嫌这两类信息太多，反而希望信息越多、越详细越好，这样才有利于他做出正确的购买决策。

如果有人不喜欢你晒单，说明他不会为你付费。那你也无须在意他们的想法。做营销要学会筛选客户。做朋友圈营销要不惧被人屏蔽和拉黑。把时间和精力花在愿意为你付费的人身上，用心服务好他们，比什么都重要。

7.3 直播+社群：建立直播陪伴群，培养付费铁粉

直播陪伴群，顾名思义，这个社群主要用于引导粉丝看直播，以及直播互动。

直播陪伴群的建立并不难。告诉大家，你每次开直播，都会在这个群里发预告和复盘，想追你直播的小伙伴可以加群。通过建群，把喜欢看你直播的粉丝筛选出来。

直播陪伴群的运营也比普通社群容易一些。社群运营最难的是长期输出内容和维持活跃度。但对运营直播陪伴群来说，直播预告、直播链接和直播复盘本身就是最有价值的内容。只要直播不停，群就可以一直保持活跃。当然，直播陪伴群也可以像其他社群一样，做裂变拉新活动、营销活动、社群分享等，延伸出更多可能。

做重大营销活动要特别重视社群线的运营配合。直播前有无社群预热、直播时有无社群同步互动，最终销售额可能有几倍的差别。

爆款直播间

比如琦琦的珍珠专场带货直播，原本预估销售额应该在200万元左右，结果因为社群运营做得扎实，最终取得424万元的好成绩，销售额比预想的翻了一倍多。

复盘这场直播，开播前社群线的互动时间表如下：

琦琦珍珠专场带货直播社群互动时间表（开播前）					
日期	时间	互动主题	文案要点		配图
开播前7天	20:00	直播预告	1.琦琦宝藏带货第三场 2.可作为七夕礼物 3.每款都精心挑选		
开播前5天	22:30	特邀嘉宾	琦琦特邀有13年珠宝鉴定经验的GAC中国珠宝玉石首饰行业协会注册会员、天使之泪品牌形象大使黄歆月老师助播		

第七章 直播+私域

续表

日期	时间	互动主题	文案要点	配图
开播前2天	22:30	珍珠大厂探秘预告	预告明天的探厂揭秘	
开播前1天	10:30	直播倒计时1天	1.直播倒计时1天 2.预告今天的探厂揭秘	
开播前1天	14:30	云游珍珠博物馆	简单介绍+短视频链接	
开播前1天	16:45	珍珠大厂探秘1	简单介绍+短视频链接	

225

爆 款 直 播 间

续表

日期	时间	互动主题	文案要点	配图
开播前1天	20:00	福利预告	预告直播的满赠礼物福利	
开播当天	10:00	珍珠大厂探秘2	简单介绍+短视频链接	
开播当天	11:30	直播倒计时3小时 探访珍珠王国	简单介绍+短视频链接	
开播当天	14:20	直播倒计时1小时	提醒大家赶紧预约	

第七章　直播+私域

社群互动的重点是直播预告、嘉宾介绍、探厂分享、福利预告和倒计时。与此同时，也通过朋友圈进行了多轮预热，重点是产品美图展示和明星、真人佩戴珍珠的美图展示。社群和朋友圈各有重点，互为补充。粉丝在朋友圈看到漂亮的珍珠款式，会自发在社群里讨论。比全部由官方来预告的效果更好。

开播后，社群互动配合直播节奏，更加频繁：

琦琦珍珠专场带货直播社群互动时间表（直播中）

日期	时间	互动主题	文案要点	配图
开播当天	14:40	开播提醒	1.开播提醒 2.产品简介	无
	15:00	开抢提醒	今天下单享7天无理由退货+终身保修	无
	产品上架时	产品上架提醒	卖点介绍+冲动点介绍+价格	（图）

爆款直播间

续表

日期	时间	互动主题	文案要点	配图
开播当天	达到××业绩时	业绩报喜	直播间销售额突破×××万元	

其中，产品上架提醒会在主播讲出冲动点时，同步发在群里。比如一款199元珍珠三件套，刚上架时，主播先说产品是某大牌同款，如果有500人下单，就可以给到199元特价。然后又介绍产品是全珠链，大牌同款售价4位数。最后又给了一个送耳钉的惊喜福利。这样分批给出冲动点，让客户惊喜连连，下单意愿会更高。

社群有一个其他私域平台无法比拟的优势是，粉丝可以随时随地在群里交流。购买了产品的客户对产品和售后有什么想法，马上可以反馈到群里。如果有好几个人同一口径，就会形成"从众效应"。比如有几个人都夸某款产品效果好，还晒出使用照片，其他人也会纷纷下单。

对主播来说，做好选品和售后服务，再利用这种"从众效应"，很容易放大销售量和口碑。

7.4 直播+短视频：从拍短视频开始练习出镜

视频号既是直播平台，也是短视频平台。短视频与直播属性相似，相辅相成。

很多人刚开始做直播时，难免有镜头焦虑，害怕自己上镜不好看、忘词等；或者即便不焦虑，也会担心自己拿捏不好语气、语速、声调等的分寸。琦琦的建议是，先从做短视频开始。

短视频在发布之前，可以无限重来，直到各方面调整满意再发布。而且一条短视频通常不超过5分钟，最常见的是30秒到3分钟。比起动辄1小时以上的直播，录制压力小很多。即使是从未有过任何公开演讲经历的新手小白，发布十几条短视频后，对直播的畏难情绪也能消除大半。

之后也要养成勤更短视频的习惯。保持视频号账号活跃，是吸引新流量的基础。最好能日更。至少每周一更。短视频和直播体裁一短一长，方便不同观看偏好的粉丝们各取所需。

短视频发布什么内容呢？首先是个人故事。

很多人加别人好友后，第一反应是翻一翻对方的朋友圈和视频号。视频号是新粉丝了解你的重要窗口。每个想打造个人品牌的人，都应该有至少一个精心制作且置顶的个人故事短视频。

以下是一个个人故事短视频文案模板：

爆款直播间

> 这是一个＿＿＿＿＿＿（个人标签）的××年。
>
> ××岁，＿＿＿＿＿＿（我做了什么/有多艰难/取得什么成绩）。
>
> ××岁，＿＿＿＿＿＿（我做了什么/有多艰难/取得什么成绩）。
>
> ××岁，＿＿＿＿＿＿（我做了什么/有多艰难/取得什么成绩）。
>
> （总结自己的成功秘诀）
>
> （总结一个励志金句）
>
> 关注我，＿＿＿＿＿＿（你能获得什么好处）。

按照时间轴顺序，提取自己人生中的重大成长事件，着重强调其中经历艰难困苦的细节，以及最后取得的成绩。

· 示例：素宣个人故事短视频文案

> 这是一个不服输少女的10年。
>
> 19岁创立舞团，获得大赛冠军，代表大学参加奥运花车演出。
>
> 24岁跨界影视行业，半年时间每天只睡5个小时，最终以第一名的成绩被电视台录取。
>
> 27岁跨界互联网行业，3年时间从基层做到副总。

第七章 直播+私域

> 32岁跨界培训行业自主创业，开发出"超级笔记"等多门课程，一年时间获得5000多名学员的认可。
>
> 整整10年创造了16个不同领域的变现标签。
>
> 很多人说连续跨界，你哪里来的精力和时间？
>
> 其实每次我用的都是同一套底层思维。而且每次变现，都有着独特的方法论。
>
> 这世上从来没有突如其来的好运。所谓被幸运眷顾，不过是沉淀之后，把握机会的厚积薄发。
>
> 关注素宣，让你1年活出10年的高效人生。

文案写好后，还需配上画面和音乐，才能组成一个完整的短视频。这个文案模板的好处是，画面素材可选择范围广。可以使用以往的真实照片或视频；也可以使用与文字意思贴合的生活照片或视频，比如表达工作辛苦的文字，可以搭配一段伏案翻书的视频；还可以真人出镜口播。这样视频制作会比较容易。

以下是个人故事短视频分镜模板：

爆款直播间

个人故事短视频分镜模板

选题：一个×××××（个人标签）的××年
背景音乐：

镜号	文案（旁白）	画面
1		
2		
3		
4		
5		

· 示例：素宣个人故事短视频分镜脚本

素宣个人故事短视频分镜脚本

选题：一个不服输少女的10年
背景音乐：《少年》

镜号	文案（旁白）	画面
1	19岁创办舞团，获得大赛冠军	真实视频：舞团练舞和演出
2	代表大学去奥运花车上演出	真实照片：奥运花车演出
3	24岁跨界影视行业	真实视频：素宣参加综艺节目
4	半年时间每天只睡5个小时	拍摄视频：素宣伏在桌上睡觉
5	最终以第一名的成绩被电视台录取	真实视频：素宣自己制作的动画视频

第七章 直播+私域

续表

镜号	文案（旁白）	画面
6	27岁跨界互联网行业	拍摄视频：车水马龙的路口
7	3年时间从基层做到副总	真实照片：素宣曾经的办公室
8	32岁跨界培训行业自主创业	真实照片：素宣公众演讲
9	开发出"超级笔记"等多门课程	拍摄视频：素宣在桌上整理几门课程的SOP手册
10	一年时间获得5000多名学员的认可	真实照片：线下课学员合影
11	整整10年创造了16个不同领域的变现标签	真实视频：素宣线下课
12	很多人说连续跨界，你哪里来的精力和时间	口播视频
13	其实每次我用的都是同一套底层思维	拍摄视频：素宣读书
14	而且每次变现，都有着独特的方法论	拍摄视频：素宣读书（局部）
15	这世上从来没有突如其来的好运	真实视频：素宣年会演出
16	所谓被幸运眷顾	真实视频：素宣作为优秀员工领奖
17	不过是沉淀之后，把握机会的厚积薄发	拍摄视频：素宣上课
18	关注素宣，让你1年活出10年的高效人生	口播视频

个人故事毕竟有限。如何保持高频内容更新呢？

有一个既"偷懒"又有效的方法——把直播片段剪辑出来，直接作为短视频发布。直播中分享的知识点、热卖场景和有趣花絮，都是很好的短视频素材。一场直播就能剪辑出几十条短视频。

一鸭两吃，轻松解决短视频内容输出难题。

7.5 直播+公众号：把日更变成获客方式，天天涨粉

很多人觉得公众号转化率低，不如其他私域能快速出业绩。当精力难以兼顾时，往往会选择把公众号暂时放一放。这一放，就放成了"月更号"甚至"年更号"。

其实，2020年微信就改变了公众号文章的推送规则。根据用户阅读喜好，推送相似的文章。这样，即便用户没有关注你，你的文章也有概率被用户看到。于是公众号变成了一个引流窗口，不用花钱就能获得陌生流量。

另一方面，公众号日更并没有想象中那么难。你并不需要每天都写一篇2000—3000字的原创文章。

带货主播可以发直播预告文，把宣传海报和产品美图放上，再加一点文字介绍，或者不加任何文字介绍，就是一条更新。带货主播靠预告文就能实现日更。

知识主播除了发直播预告，还可以在直播后把内容直接转录成文字，再编辑整理一下，一场直播内容就能剪切出3—5篇公众号文章。

此外，公众号还可以直接放视频号短视频。把短视频链接贴在文章编辑页面，再写一点简介文字，就可以直接发布。这篇可以作为二条，日更两条也很轻松。

如果你对文章质量要求比较高，还有一条"一鸭N吃"的操作链路可供选择。这条链路适合知识主播。

首先选取一个主题，写一篇2000—3000字的公众号文章。然后做一场相同主题的直播，在文章基础上，增加销讲和互动，就能把时长拉长到1小时以上。直播后，以复盘的形式发布公众号文章。粉丝会惊

叹你复盘的速度和质量。这篇文章还可以拆分成5—8条朋友圈文案和社群分享小短文。把内容复利发挥到极致。

私域经营，引流新客户和维护老客户同样重要。如果有一种方式，不需付出很多成本，就能细水长流地不断吸引来新粉丝，何乐而不为呢？从此刻开始，重视起公众号的运营吧。

7.6 直播+私聊：抓住破冰窗口，拉近用户距离

客单价越高的产品，越不容易在直播间直接成交。更好的方式是，通过直播与客户建立联系，再通过一对一私聊，促使客户最终下单。

一对一私聊成功的关键是刚加上客户的30秒。这30秒叫作"破冰窗口期"。从客户感受上来讲，如果你刚加上他好友，就立刻发去精心准备好的自我介绍，客户会觉得你很有诚意，本能的戒备心就会卸下大半。如果你的自我介绍能展示实力，打动客户，日后再做营销就会势如破竹。

反之，如果错过窗口期，客户对你的好奇心已经不再强烈，自我介绍的破冰效果就会下降。以后收到你的营销信息，客户对你的信任感没有那么强，营销效果就不好。

我们有个心得是，发完自我介绍文字后，紧接着再发一个表示诚意的卡通人物表情包，比如比心、爱你、微笑。女生就发可爱女孩的表情包。男生就发可爱男孩的表情包。而且一定不要使用明星和动漫角色，要选择一个没有任何身份背景的人物。

在客户看来，这个人物就代表你本人，你在微笑着给他比心。心

理距离一下子就拉近了。

　　这是一个很小的运营细节。但在互联网上，人与人交往大部分感受都来自无数这样的小细节。一个小小的表情包，就能在很大程度上影响别人对你的第一印象。

　　在行动派内部，我们很重视私聊中的小细节。在还没有企业微信的时候，琦琦所有的添加好友和发送自我介绍工作我们每个小伙伴都要做。工作再繁忙，每个人也会利用碎片时间来做这件事，甚至会专门抽出一天或半天来做。

　　时间管理四象限中，有一类是"重要但不紧急"的事。虽然不紧急，但也要每天推进一点。否则长期搁置，它就会变成"重要且紧急"的大事，不得不耗费更多时间精力"救火"。时间管理的精髓在于把小事做到位，减少大事的数量。

　　加好友和私聊就属于"重要但不紧急"的事。做好私聊破冰，营销就能事半功倍。

　　微信生态圈中的每个私域平台，都兼具拓客窗口、流量沉淀窗口、客户了解你的窗口和销售窗口四种功能。新流量从各个窗口进入私域，并在私域里流动，沉淀下来，通过你主动、长期的信息触达，最终转化成为付费客户。

　　各个私域平台运营重点如下表：

第七章 直播+私域

微信私域生态圈运营重点

私域平台	拓客窗口	沉淀窗口	了解窗口	销售窗口
直播	·引导观众转发直播间 ·拉升开播场观	·引导观众关注视频号 ·引导观众加企业微信	·讲个人故事 ·规划直播内容和频率	·直播销讲
企业微信	·邀请参加裂变活动	·自动发自我介绍，引导其加个人微信 ·拉进直播陪伴群	·发自我介绍破冰	·发营销活动通知
朋友圈	·转发裂变海报	·发直播预约信息	·朋友圈营销	·朋友圈营销
社群	·裂变活动	·引导群友加个人微信 ·日常发公众号文章，引导群友关注公众号	·分享干货 ·答疑 ·发公众号文章/短视频链接	·促销活动
短视频	·片尾引导关注视频号	·打磨视频号简介文案 ·视频号简介放个人微信号和公众号	·发个人故事短视频 ·规划短视频发布内容和频率	·短视频营销
公众号	·文中引导读者关注公众号	·（直接发或文中插入）直播预约信息	·发个人故事文章	·公众号营销文章
一对一私聊	·邀请参加裂变活动	·拉进直播陪伴群 重大直播发通知	·发自我介绍破冰	·私聊销售话术

直播新手可以先从直播和朋友圈做起，再慢慢夯实其他部分。有一定基础的主播，可以根据这张表查漏补缺，巩固长板，弥补短板。最终建立起完善的微信私域矩阵，实现长久、稳定的创收。

© 中南博集天卷文化传媒有限公司。本书版权受法律保护。未经权利人许可，任何人不得以任何方式使用本书包括正文、插图、封面、版式等任何部分内容，违者将受到法律制裁。

图书在版编目（CIP）数据

爆款直播间 / 行动派琦琦，素宣著 . -- 长沙：湖南文艺出版社，2023.9
ISBN 978-7-5726-1326-5

Ⅰ. ①爆… Ⅱ. ①行… ②素… Ⅲ. ①网络营销 Ⅳ. ① F713.365.2

中国国家版本馆 CIP 数据核字（2023）第 137717 号

上架建议：市场营销

BAOKUAN ZHIBOJIAN

爆款直播间

著　　　者：	行动派琦琦　素　宣
出 版 人：	陈新文
责任编辑：	匡杨乐
监　　制：	于向勇
策划编辑：	陈文彬
文字编辑：	王成成　刘春晓
营销编辑：	时宇飞　黄璐璐　邱　天
封面设计：	沉清 Evechan
出　　版：	湖南文艺出版社
	（长沙市雨花区东二环一段 508 号　邮编：410014）
网　　址：	www.hnwy.net
印　　刷：	三河市百盛印装有限公司
经　　销：	新华书店
开　　本：	680 mm×955mm　1/16
字　　数：	200 千字
印　　张：	16.25
版　　次：	2023 年 9 月第 1 版
印　　次：	2023 年 9 月第 1 次印刷
书　　号：	ISBN 978-7-5726-1326-5
定　　价：	58.00 元

若有质量问题，请致电质量监督电话：010-59096394
团购电话：010-59320018